청춘의 돈공부

평생 돈으로부터 자유롭고 싶다면
20대에 돈 공부를 시작하라!

청춘의 돈 공부

| 김성진 지음 |

카시오페아
Cassiopeia

"그 일을 할 수 있고, 반드시 해내야 된다고 생각하면
우리는 그 방법을 찾을 수 있다."

- 아브라함 링컨 (Abraham Lincoln, 미국 16대 대통령)-

고시원을 전전하던 내가
25살에 1억 모은 비결

   부족함이 없던 시절이었다. 그 당시 아버지는 분당과 구로동에서 꽤 큰 규모의 서점과 기독교 출판사를 함께 운영하고 계셨다. 사업은 안정적이었고, 나는 트럼펫과 플루트 같은 생소한 악기에서부터 수영, 스케이트, 탁구, 서예에 이르기까지 다양한 것들을 배우며 자랐다. 그런 날들이 영원히 이어질 거라고 믿었다. 한순간에 모든 게 무너질 수도 있다는 사실은 꿈에도 알지 못했다.

   그리고 거짓말처럼 IMF가 터졌다. 상황은 하루아침에 달라졌다. 하루가 다르게 늘어나는 건 빚뿐이었다. 결국 아버지는 한평생 일구어온 사업장을 처분했다. 얼마간의 돈이 쥐어졌고, 아버지는 그 돈을 밑천으로 다시 재기를 꿈꿨지만 세상은 그렇게 호락호락하지 않았다. 막역한 지인을 통해 기계 다루는 회사를 인수받았지만, 전망이 좋다던 그 회사는 사실 부도난 것이나 다를 바 없는 상태였다. 회사 사장은 인수받은 돈을 가지고 해외로 잠적해버리고, 중간 브로커 역할을 한 지인은 모르쇠로 일관했으며, 그 회사가 지고 있던 빚은 고스란히 아버지에게로 떨어졌다.

눈덩이처럼 늘어난 빚은 우리 가족을 밑바닥까지 끌어내렸다. 가장 떨쳐버리기 힘든 것은 무력감이었다. 체념과 포기, 아무리 발버둥이 쳐도 여기서 절대 벗어날 수 없을 거라는 두려움. 그 당시 내 눈에 비친 아버지는 절망 그 자체였다.

고3이었던 내가 고작 생각해낼 수 있었던 해결책은 법대에 들어가서 판검사가 되겠다는 것뿐이었다. '사'자 직업을 얻어서 이 구렁텅이에서 벗어나리라. 우리 집을 다시 일으켜 세우리라. 하지만 현실은 드라마가 아니었다. 나는 보기 좋게 입시에서 미끄러졌고, 더이상 기댈 곳은 없었다. 벽을 짚고 기어오를수록 더 깊이 미끄러지는 구덩이 속에 갇힌 기분이었다.

알량한 자존심 탓에 이런 속사정을 친구들에게 털어놓지도 못했다. 활발하던 내가 차츰 거리를 두자 친구들의 오해까지 더해졌다. 마음 둘 곳 없는 날들이 이어졌다. '왜 이런 일이 벌어졌을까' 수백 번 생각하고 분노하고 절망했다. 비극적인 현실을 잊고자 술에 의지하는 날들이 많아졌고, 급기야 응급실에서 눈을 뜨는 일까지 벌어졌다.

그렇게 끝없이 추락하던 나를 마지막으로 일으켜 세운 것은 어머니의 눈물이었다. 살던 집에서 쫓겨나 겨우 얻은 집에서 또다시 방을 빼달라는 말을 들었을 때, 어머니는 엉엉 우셨다. 자식 앞에서 흐느끼는 어머니를 보고서야 그동안 패배감에 젖어 허우적거리기만 했던 내가 얼마나 한심한 놈이었는지 깨닫게 되었다. 그때 결심했다. 아버지를 절망으로 밀어 넣고, 어머니의 눈에서 피눈물을 나게 만든 돈이라는 놈을 원 없이 한번 가져보겠다고. 사람 인생을 좌지우지하는 네 놈을 보란 듯이 쥐고 흔들어보겠다고.

불현듯 '목표를 이루려면 수치화하라'는 문장이 떠올랐다. 그와 동시에 반사적으로 '무슨 일이 있어도 25살 때까지 1억을 모으겠다'는 결심이 솟구쳤다. 25살이 됐을 때 통장에 1억이라는 숫자가 찍히지 않는다면 스스로 생을 마감하겠다고 결심했다. 어차피 자살을 생각했던 인생이다. 5년 후에도 여기서 벗어나지 못한다면 더 이상의 미련은 없다. 그러니 남은 5년 동안 해볼 수 있는 것은 모두 다 해보자. 죽을 것처럼 한번 살아보자.

그때 내 나이, 이제 막 스물한 살을 앞두고 있을 때였다.

절약만 해서는 돈의 주인이 될 수 없다

목숨을 담보로 해서 살아가기로 결심한 날, 나는 신림동 고시촌으로 들어갔다.

무엇부터 시작해야 할지 막막했던 탓이기도 했고, 18년 동안 귀에 못이 박히도록 들었던 '대학이 밥줄이다'는 말이 여전히 머릿속 한 구석에서 맴돌았던 탓이기도 했다. 결국 나는 고시촌 중심가에서도 한참이나 경사를 따라 올라가야만 발견할 수 있는 낡고 후미진 고시원에 자리를 잡았다. 보증금도 관리비도 없는 월세 10만 원짜리 단칸방. 그곳이 나의 거처였다.

방을 구하자마자 곧바로 근처 독서실에서 총무 아르바이트를 시작했다. 독서실 비도 아끼고, 푼돈도 벌며 부족하게나마 공부도 하려는 심산이었다. 그리고 저녁이 되면 편의점에서, 주말에는 주유소에서 아르바이트를 했다. 저녁마다 편의점에서 6시간 동안 일한 대가는 한 달에 약 70만 원. 거기에 주말에 주유소에서 8시간 동안 일을 하면 추가로 약 40만 원을 손에 더 쥘 수 있었다.

고된 생활이 이어졌다. 하지만 짤막하게나마 공부시간도 확보하고 한 달에 최소한 100만 원 이상은 벌 게 되니 그것만으로도 희망의 빛이 보이는 듯했다. 그때 절대적인 규칙 하나를 만들었다.

"월급을 받는 대로 무조건 저축하자. 100만 원은 저축하고, 남은 돈으로 어떻게든 버텨보자."

끼니는 식사시간에 고시원 식당에서 반찬 통을 나르고 배식을 해주며 해결했다. 그것도 여의치 않을 때는 천 원짜리 김밥 등으로 때웠다. 나중에는 고시원 비도 아깝다는 생각에, 고시원 화장실과 샤워실을 청소해주는 것으로 방값을 대체했다. 이렇게 하니 10~20만 원으로 한 달을 살아갈 수 있게 되었다.

아르바이트비가 입금되자마자 나는 의기양양하게 은행부터 찾았다. 보란 듯이 100만 원을 모두 적금에 들이부었다. 3년 만기 상품의 이자율이 0.5% 더 높다는 말에 혹해서 기간도 3년으로 설정했다. 그러고는 벌써 목표를 이루기라도 한 듯 뛰다시피 하며 고시원으로 돌아왔다.

하지만 희망찬 신기루가 걷히는 데는 채 몇 분도 걸리지 않았다. 방에 앉아서 만기 때 받게 될 이자를 계산해보니 비로소 냉혹한 현실이 보이기 시작했다. 한 달에 100만 원씩 저축해서 1억을 모으려면 8년 4개월이 걸렸다. 그 기간을 반으로 줄이려면 최소한 한 달에 200만 원씩 적금으로 꼬박꼬박 부어야 했다. 즉 목표대로 5년 안에 1억을 모으려면 한 달에 200만 원씩은 저축해야 한다는 뜻이었다. 머리를 아무리 굴려 봐도 답이 없었다.

돈을 두 배로 벌려면 지금보다 두 배로 일해야 했다. 하지만 그것은 불가능했다. 생각만 해도 숨이 턱 막혔다. 설사 그렇게 해서 1억을 모은다고 해도 인생이 너무 허무하다 못해 비참할 것만 같았다. 그렇게 사는 것은 돈 버는 기계 그 이상도 이하도 아니었다.

결국 25살에 1억을 찍으려면 다른 방법이 필요했다. 내 노동력과 시간을 뺏기지 않으면서도 수익을 올릴 수 있는 비결을 알아내야 했다. 절약은 너무도 중요했지만 그것으로 모을 수 있는 액수는 너무도 빤했다. 나는 그동안 돈을 쓸 줄만 알았지, 돈의 실체에 대해서는 아는 게 하나도 없었다. 관심도 없고 지식도 없었다. 그랬던 내가 생애 최악의 순간에 비로소 돈에 눈을 뜨게 된 것이다.

그때부터 나는 내 인생을 자유롭게 할 돈 공부에 매달렸다.

자산을 쌓으려면 두 가지 축이 필요하다. 절약과 투자. 충분히 저축하면서, 동시에 저축한 돈을 계속해서 좋은 상품에 투자해야 한다. 절약이 든든한 받침대 역할을 한다면, 투자는 날개를 달아준다. 묵묵히 걸어가기만 해도 언젠가는 목표한 곳에 도달하겠지만, 지금처럼 계속 걸어갈 수 있을지는 아무도 장담하지 못한다. 뱀에 물려 주저앉게 될 수도 있고, 마실 물이 떨어져 쓰러질지도 모른다. 그러니 적당한 날개를 찾을 수 있다면 그것을 달고 날아가야 하는 것이다.

그때 내 눈에 띈 날개는 CMA와 펀드였다.

그 상품을 알게 된 후부터 100만 원을 열 개의 펀드에 나누어 투자했다. 즉 성장주, 가치주, 배당주, 삼성그룹주로 이루어진 국내 펀드 6개에 매달 10만 원씩 투자하고, 나머지 40만 원으로

BRICs(브라질, 러시아, 인도, 중국)와 베트남에 투자하는 해외 펀드 4개에 10만 원씩 투자했다.

이렇게 투자하고 난 나머지 금액으로 생활을 이어나갔다. 그 와중에라도 약간의 남는 돈이 생기면 모두 CMA에 넣어두었다.

그리고 이것은 결국 내게 1억 원이라는 선물을 안겨주었다. 이 과정을 통해서 실제로 '5년 후 1억'이라는 목표를 현실로 이루어낸 것이다.

황금 알을 낳는 거위를 갖기 위해서

대한민국의 평범한 직장인들은 시간이 부족하다는 말을 입에 달고 산다. 돈을 벌고 있기 때문에 시간에 쫓긴다고 생각하지만, 냉정하게 말하면 우리는 한 번이라도 제대로 돈을 벌어본 적이 없다. 단지 생존을 위해 몸부림치고 있었을 뿐.

평범한 직장인이라면 투자를 위한 종잣돈도, 가정 경제의 규모를 단숨에 키워줄 만한 투자처나 정보도 마땅치 않다. 그래서 돈을 벌고 있다고 착각하며 더 많은 노동력과 시간을 회사에 제공하지만 실상 계산해보면 그것은 밑진 장사일 뿐이다. 오히려 그럴수록 더 싼값에 자신의 노동력과 시간을 파는 셈이 된다. 그리고 그것이 반복될수록 이상하게도 회사에 더욱더 삶을 저당 잡힌다.

　이 부조리한 현실 속에서 살아남으려면 일정한 수준의 경제적 자유를 확보하는 게 무엇보다도 중요하다. 즉 월급과는 별개로 돈을 벌어들이는 구조를 만들어내야 한다. 내 노동력과 시간을 투여하지 않고도 자연스럽게 일정 부분의 수익이 순환되는 구조를 가져야만 비로소 인생의 주인이 될 수 있다. 그것을 실현해야만 자신의 시간을 돈을 벌기 위해서 쓰는 대신, 건강을 위해서 미래를 위해서 꿈을 위해서 가족을 위해서 쓸 수 있게 되는 것이다.

　그런데 이런 시스템은 단순히 절약만으로는 만들 수 없다. 저축할 돈도 없는데 절약에만 머물러서는 안 된다고 하는 것만큼 냉정한 말도 없을 것이다. 나도 그랬다. 그 냉혹한 깨달음 앞에서 숨이 턱 막혔다. 천 길 낭떠러지를 바라보고 있는 기분이었다. 하지만 변화를 일으키고자 한다면 결국 무슨 일이든 일어나게 마련이다. 갈급한 마음으로 돈 공부를 시작했던 그 순간부터 신기하게도 깜깜하기만 하던 눈앞이 조금씩 환해지기 시작했다.

무조건 많은 돈을 쌓아놓기 위해 하는 것은 재테크가 아니다. 내 물리적 시간을 혹사시키지 않고도 최적의 생활에 필요한 수익을 낼 수 있는 '시스템'을 만드는 게 바로 제대로 된 재테크다.

물론 쉬운 일은 아니다. 예금의 이자율은 날이 갈수록 떨어지고, 가뜩이나 좁은 땅덩어리건만 금싸라기 땅들은 이미 발 빠른 사람들이 죄다 차지하고 있다. 임대업도 공실로 인한 부담을 피할 수 없다.

하지만 그렇기 때문에 오히려 하루빨리 돈 공부를 시작해야 하는 것이다. 자산에 대한 정의를 다시 내리고, 절약과 저축을 습관화하는 동시에 투자를 실천하고, 새로운 기회와 정보를 찾는 데 도전해야 하는 것이다.

많은 사람들이 재테크는 어렵다고 생각한다. 아는 게 있어야, 투자할 돈이라도 있어야 하는 것 아니냐고 쉽게 포기한다. 하지만 한글의 원리를 다 터득한 다음 한글을 쓰는 게 아니듯 재테크도 모든 것을 완벽하게 배운 다음 시작하는 게 아니다. 이제부터 재테크를 해보겠다고 생각을 바꾸는 게 반 이상이다. 그 후에는 실행하면서 기회를 찾아보면 된다.

단숨에 사회를 바꿀 수는 없다. 하지만 삶이 팍팍하다고 좌절하는 대신 목표를 세우고 꿈을 꾼다면 또 다른 가능성은 언제라도 존재한다. 부조리한 사회라는 것을 직시하고, 내가 지금 그 사회 속에서 살아가고 있다는 것을 받아들이고, 그 안에서 나의 상황과 위치를 부정하지 않고 똑바로 바라보는 것, 그러면서 포기하지 않고 그것을 뛰어넘을 수 있는 의지를 불태우고 목표를 정해서 실행하는 것, 그것이 바로 진정한 재테크의 첫걸음이다.

지금 이 책을 읽고 있는 시간이 스스로를 구하는 시간이 될 수 있기를 진심으로 바란다. 이 책을 발판으로 진정한 재테크를 시작할 수 있다면, 그래서 이 험난한 인생길을 조금이나마 든든한 마음으로 걸어갈 수만 있다면 참으로 감사할 것 같다.

2016년 12월

김성진

목차

취업 공부보다
절실한 돈 공부

"시작은 모든 작업에 있어 가장 중요한 부분이다."

20대, 나를 위한
진짜 공부를 시작할 때

요즘 대학교 졸업장의 가치는 얼마나 될까? 몇 십 년 전만 하더라도 그것은 취업문을 통과하는 하이패스였다. 하지만 지금은 성인이라면 누구나 가지고 있는 주민등록증과 같은 처지가 되었다. 토익은 어떨까? 토익고득점자를 '오!' 하며 바라보던 시절은 끝났다. 지금은 너도나도 고득점을 받는다. 점점 찾기 힘들어지는 것은 일자리뿐이다. 스펙이 화려한 취업예정자들이 앞집, 옆집, 뒷집에 넘쳐난다. 심지어 취업예정자로 남아 있을 수 있는 기간마저도 너무나 짧다. 조금만 지체되면 어느덧 백수라는 꼬리표가 붙기 시작한다. 그에 따라 심장은 날이 갈수록 조이기 시작하고, 자연스레 취업만 바라보게 되고, 급기야는 취업이 재테크의 완성이라는 착각에 빠지게 된다.

하지만 직장은 어떻게 하면 직원들의 월급을 올려줄 수 있을까 고민하지 않는다. 어떻게 하면 더 많은 이윤을 남길 수 있을지 (심지어 직원들의 노동력을 착취하면서까지!) 그것만 고민한다. 하루에 4시간 이상 자본적 없다는 대기업 취업자는 과연 성공한 것일까, 실패한 것일까. 직무 관련 시험을 통과하지 못하면 승진에서 제외된다는 지침 때문에 새벽까지 야근한 날에도 꼭 2시간 이상씩 공부를 하는 그는 과연 제대로 자산을 늘리고 있기는 할까?

높은 스펙을 요구하는 직장일수록 노동의 강도는 세고, 그럴수록 보상심리가 작용해 돈에 대한 갈망과 결핍감은 더욱 커진다. 하지만 그만큼의 보상을 받으려면 더 많은 일을 맡아서 처리해야 하는 웃지 못할 상황이 벌어진다. 그 끝없는 악순환을 반복하다 보면 급기야는 내가 돈을 벌고 있는 것인지 돈이 나를 갉아먹고 있는 것인지조차 알 수 없게 된다.

남녀관계에서만 밀고 당기기가 존재하는 게 아니다. 돈과의 관계에 있어서도 밀고 당기기는 존재한다. 좋아하는 이성에게 매달리면 매달릴수록 상대방은 온 힘을 다해 도망치는 것처럼, 무작정 집착하다 보면 오히려 돈은 점점 더 멀어지기만 할 뿐이다. 돈을 쫓아다니지 않고, 돈이 나를 따라오게 하려면 그것의 실체를 속속들이 알고 있어야 한다.

하지만 우리는 돈에 대해 무지하다. 12년 공교육 기간 동안 종이가 찢어지도록 수학 문제를 풀었지만 실제로 예금할 때 복리를 염두에 두는 사람은 극히 드물다.

물론 좋았던 시절에는 이것저것 따질 필요가 없었다. 은행에 목돈을 넣어만 둬도 20~30%씩 이자가 붙어 차곡차곡 자산이 늘어나고, 평생을 바쳐 아파트 하나 장만하면 몇 배의 수익이 났으니 말이다. 하지만 지금은 어떤가. 돈에 대한 올바른 지식 없이는 내 한 몸 머무를 공간조차 마련하기 어렵다. 상황이 이러하니 최소한의 존엄을 지키며 살기 위해서라도 돈 공부를 시작하는 시기는 빠르면 빠를수록 좋다.

나 역시 처음에는 재테크에 문외한이었다. 돈에 눈은 떴지만 어디서부터 손대야 할지 몰라 막막하기만 했다. 하지만 예나 지금이나 재테크를 시작할 때 가장 중요한 것은 몸으로 직접 부딪히는 것이다. 만회할 시간과 기회가 넘쳐나는 20대라면 더더욱 그렇다. 신문을 읽고 책을 사보는 것도 물론 중요하다. 하지만 평생 돈에 관심 없던 사람이 갑자기 오늘부터 경제 기사를 읽고 재테크 책을 정독할 수 있을까. 그렇게 결심했다 하더라도 막상 행동으로 옮기려면 꽤나 오랜 시간이 필요할 것이다.

하지만 재테크는 시간과의 싸움이다. 일찍 시작할수록 더 빨리 열매를 맺는다. 준비나 공부에 대한 압박감 때문에 시작을 자꾸 미루다 보면 그만큼 많은 기회를 놓치게 된다. 그러니 일단 시작하는 게 답이다.

처음부터 은행과 증권사를 찾아가 모든 것을 척척 해내는 사람은 없을 것이다. 나 역시 수많은 시행착오를 겪었다. 하지만 행동했더니 비로소 알고 싶은 게 생겼고, 그러자 누가 권하지 않아도 자연스럽게 신문을 읽고, 책을 사서 읽게 됐다.

일단 펀드와 CMA에 가입하고 났더니 신문을 읽다가도 그 용어가 나오면 저절로 눈이 번쩍 뜨였다. 현재 투자하고 있는 펀드명이 나오거나 그 펀드를 운용하는 매니저의 인터뷰 등이 실리면 자연스레 시선이 갔다. 평소라면 그냥 지나치거나 한참을 들여다봐도 안 읽었을 내용들이 비로소 머릿속에 쏙쏙 들어오기 시작한 것이다. 용어에 익숙해질수록 배경지식도 함께 쌓였다. 그리고 내 상품과 다른 상품을 비교해보고 더 좋은 상품을 고르는 안목도 생기기 시작했다. 유용한 정보를 스스로 정리해서 스크랩하는 습관이 자리 잡은 것도 그 즈음이었다. 일단 시작했을 뿐인데 어느덧 자연스럽게 경제 정보에 민감해지고 재테크 순발력과 민첩함을 갖추게 된 것이다.

단언컨대, 재테크 고수들과 그렇지 않은 사람들의 차이는 은행과 증권사를 향한 첫 발걸음에 담겨 있다. 실천이 먼저 일어나고 이론이 뒷받침되는 일련의 과정이 결국 돈 공부의 포문을 연다.

문법책을 100번 본다고 영어회화가 술술 나오는 게 아니다. 현장에서 부딪히며 부족한 부분을 메워 나가는 것이 훨씬 빠르고 효과적이다. 재테크도 마찬가지다. 배우면서 익히고, 익히면서 배워야 한다. 완벽한 상태에서 시작하는 사람보다 부족한 부분이 생겼을 때 보완해나가는 사람이 더 많은 지식을 더 빨리 흡수한다는 것을 잊지 말자.

돈도 없고 스펙도 없지만,
우리에겐 시간이 있다

나는 수저론을 믿지 않는다. '개천에서 용 나기'가 '산삼 캐기'보다
힘들다는 말에는 어느 정도 고개가 끄덕여지지만, 그렇기 때문에 아
니 그럴수록 더욱더 수저론에 반기를 들고 싶어진다. 거부할 수 없는
사회의 일면이라는 것은 알고 있다. 하지만 그 수저 때문에 시작부
터 포기하는 청춘들을 보면 못내 가슴이 아프다. 가진 게 없기 때문
에, 경쟁 자체가 되지 않기 때문에 등등…… 여러 가지 '때문에'에 발
목을 잡혀 쉽게 주저앉아버리는 모습을 볼 때마다 너무나 안타깝다.
왜냐하면 그렇게 포기하기에는 아직 가진 게 많기 때문이다. 우리에
게는 젊음과 시간이라는 무엇과도 바꿀 수 없는 무기가 있기 때문
이다.

듣기에만 좋은 말이 아니다. 내가 직접 경험한 일이다. 나 역시 은

수저와 동수저 그 어디쯤에서 살다가 한순간 흙수저로 떨어져 죽음까지 생각했었다. 그때 만약 내가 다시는 일어설 수 없다고, 이제 이 절망의 구렁텅이에서 다시는 벗어날 수 없다고 생각했다면 아직도 그곳에서 허우적거리고 있을 게 틀림없다. 아니 그때보다 더욱더 깊은 절망 속에서 살아가고 있을 게 분명하다.

하지만 나는 그때, 어떤 바보짓이라도 기꺼이 할 준비가 되어 있었다.

돈도 없고 스펙도 없고 정말 가진 게 개뿔도 없었던 스무 살이었지만, 다행히도 시간만큼은 오로지 내 편이었으니까.

'시간이 무기'라는 말에는 두 가지 의미가 담겨 있다.

첫 번째는 시작에 관한 것이다. 단순하게는 '복리효과'를 말한다. 당장 쓸 돈도 없는데 투자할 돈이 어디 있냐고 남들이 투덜거릴 때, 시간의 힘을 믿고 비록 적은 돈이라도 꾸준히 투자한다면 그것은 몇 년 후 어마어마한 차이로 되돌아온다. 처음에는 아주 작은 차이에 불과했던 것이 시간이 흐를수록 엄청난 차이가 된다. 스무 살 때 푼돈으로 재테크를 시작한 사람이 마흔 살에 목돈으로 재테크를 시작한 사람보다 더 큰 영향력을 갖게 되는 것도 다 이 '시간의 효과' 때문이다. 투자금액이 클수록 유리하다고 생각하겠지만, 20년 동안 쌓인 재테크에 대한 안목과 습관은 돈으로도 따질 수 없다.

두 번째는 '넘쳐나는 시간' 그 자체다. 아무것도 결정되지 않은 시간, 무엇을 할 것인가 고민하며 보낼 수 있는 시간, 고민하고 도전하고 실패하고 일어서고 그럼에도 아직 낙인 찍히지 않은 시간이 있다는 것은 그 자체로 엄청난 특권이다. 시인 로버트 브라우닝도 말하지 않았던가, "모든 좋은 것들은 앞날에 있다"고.

나이가 들수록, 사회적 책임이 많아질수록 '자유롭게 쓸 수 있는 시간'은 점점 줄어든다. 회사에 가고, 끼니를 차리고, 아이들을 돌보고…… 그때가 되면 말 그대로 나를 위한 시간은 없어진다. 그러니 수많은 자산가들도 할 수만 있다면 억만금의 대가를 치르고서라도 젊음을 사고 싶다고 말하는 게 아닐까.

그렇다. 청춘의 무기는 시간이다. 그것은 돈이나 권력, 명예도 압도한다. 그러니 걱정과 불안을 술안주로 삼아 미래를 한탄하기보다는 지금 가진 시간을 마음껏 활용해야 한다.

엘리자베스 퀴블러 로스는 『인생 수업』에 이런 말을 남겼다.

"살아가는 데는 두 가지 방법이 있다. 하나는 기적이 존재하지 않는다고 생각하며 사는 것이고, 다른 하나는 모든 것이 기적이라고 생각하며 사는 것이다."

상품의 가치는 그것을 사고 싶었던 내 마음의 크기가 결정한다고 했던가. 인생도 마찬가지다. 목표를 이루었을 때가 아니라 이루기 위해 고군분투하던 시간들이 결국 내 삶의 가치를 높이고 인생을 풍요롭게 만든다. 그리고 감사하게도 우리에게는 그 '고군분투할 시간'이 아직 충분하다.

재테크
새롭게 발견하기

재테크에 관심 있는 사람들은 수두룩하다. 그런데 왜 금융계의 신생 상품이나 경제계의 최근 이슈를 알아보는 사람들은 드문 것일까? 연예계 소식에는 빠삭하면서 정작 관심 있다고 말하는 재테크 이슈 앞에서는 왜 목소리가 작아지는 것일까?

바로 재테크 편견에 빠져 있기 때문이다.

많은 사람들이 '재테크=전문지식'이라고 생각한다. '재테크는 어렵다'는 편견에 스스로 빠져들고 있는 것이다. 그럴수록 경제지 읽는 것은 더욱더 지루해지고, 투자 상품 알아보는 일은 더욱더 복잡해진다.

한번 생각해보자. 영어공부에 관심이 생겼을 때, 어떻게 해야 더 빨리 시작할 수 있을까. 두꺼운 문법책을 파고드는 게 더 쉬울까, 좋아하는 영화를 자막 없이 돌려보는 게 더 쉬울까. 영어를 잘하려면 일단 영어라는 바다에 풍덩 빠져야 한다. 즉 영어 공부가 생활의 일부분이 돼야 하는 것이다. 아버지는 그냥 아버지일 뿐이다. 우리는 한 번도 '아버지: 부모님 중의 남자'라고 익히지 않았다. 그런데 영어만 했다 하면 'father : 아버지' 이렇게 외워대곤 하니 괜히 더 어렵고 머리가 지끈거리는 것이다.

재테크도 마찬가지다. 밥을 먹기 위해 수저를 사용하는 것처럼, 재테크 역시 밥을 더 잘 먹기 위해 익혀야 하는 기술이라고 생각해야 한다. 학문적으로 접근하면 시작부터 버거워진다. 재테크는 절대 정복해야 할 대상이 아니다.

나는 아무것도 몰랐던 스무 살 시절에 재테크를 시작했고, 5년 후 1억이라는 종잣돈을 손에 넣었다. 많은 사람들이 비법을 물었지만 사실 비법이라고 할 것도 없었다. 남들이 재테크를 어려워하며 멀리할 때, 나는 그것을 살기 위해 꼭 익혀야 하는 기술이라고 생각하고 곧바로 시작했을 뿐이다.

사람들은 재테크(財:tech)를 글자 그대로 '돈을 불려주는 기술'이라고만 생각한다. 하지만 재테크를 그렇게만 인식하면 당연히 수익률에 일희일비하며 근시안적으로 바라볼 수밖에 없다. 처음 투자했던 것보다 조금이라도 수익이 늘어나지 않으면 초조해지고, 수익률이 -20~30%에 육박하면 세상이 무너져 내린 것처럼 절망하고, 결국에는 '다시는 하나 봐라' 하고 등을 돌려버릴 수밖에 없게 된다.

그러니 이쯤에서 프레임을 한번 바꿔보자.

나는 재테크 역시 소비라고 생각한다. 말하자면, '미래를 위한 똑똑한 소비'다.

사실 돈이 있으면 언젠가는 쓰게 되어 있다. 소비야말로 돈이 생겨난 이유이자 존재하는 이유가 아니던가. 그런데 자동차 유지비, 휴대폰 요금, 술, 담배 등등 우리가 일상적으로 소비하는 것들의 수익률은 대부분 -100%다. 소비하는 순간 그대로 사라져버린다. 하지만 그런 소비에 일희일비하는 사람들은 별로 없다. 수익률이 마이너스 백 퍼센트인데도 전혀 아까워하지 않는다.

오직 투자 수익률에만 전전긍긍할 뿐이다. 수익률이 아무리 떨어져도 -100%일 때보다는 희망적인데도 말이다.

물론 수익률이 곤두박질쳐도 괜찮다는 뜻은 아니다. 단지 재테크를 '무조건 불리는 것'이라고 생각하면 손실에 대한 두려움에 압도당해 투자를 해보기도 전에 주저앉게 된다는 것을 말하고 싶었다. 실패를 두려워하면 할수록 더 많은 지식을 쌓고 공부한 후에나 재테크에 도전할 수 있다고 착각하게 된다.

돈을 불리는 완벽한 기술이란 없다. 돈을 목표로 하면 돈 자체가 목적이 되어버린다. 하지만 돈은 언젠가는 내 손을 떠나게 되어 있다. 더 행복한 미래를 위해 언젠가는 홀가분하게 써야 한다.

돈에 대한 타고난 감각도 없고 지식도 없었던 내가 25살에 1억을 모을 수 있었던 까닭은, 바로 어깨에 힘을 조금 뺀 채 재테크를 바라봤기 때문이다. 단 한 번의 기회로 일확천금을 거머쥐겠다는 강박관념이나 부담감 대신 긴 레이스를 시작하는 선수의 마음으로 재테크를 바라보고, 금융관련 상품에 관심을 기울이고, 실제로 상품을 운용하는 것을 마다하지 않았기 때문이다.

대한민국에서
1억을 가진다는 것

20 대 80 법칙을 알고 있는가. 상위 20%의 사람들이 세계 80%
의 부를 차지하고, 나머지 사람들은 남은 20%의 부를 나눠 갖
는다는 뜻의 경제용어다. 전체의 부를 100만 원, 전 세계의 인구를
100명이라고 가정했을 때 20명의 상위계층이 80만 원을 나눠 갖고
(=1인당 40,000원), 나머지 80명이 20만 원을 나눠 갖는다(=1인당 2,500원)
는 뜻이다. 이때 계층 간 부의 차이는 최소 16배에 달한다.

그러나 지금은 이 법칙 대신 1 대 99 법칙이 슬그머니 고개를 쳐
들고 있다. 즉 한 명이 99만 원을 갖고, 나머지 99명이 1만 원을 나
눠 갖는(=1인당 약 101원) 극단적인 빈부격차가 시작되고 있다는 뜻
이다. 이때 부의 차이는 9,900배에 달한다.

이런 세상에서 돈의 노예가 되지 않기 위해서는 아이러니컬하게

도 돈이 있어야 한다. 돈에 휘둘리지 않기 위해 열심히 돈을 모아야만 하는 세상, 이 이상하고도 요란한 세상에서 살아남기 위해서 최소한의 돈 공부는 필수다. 그리고 그것에 더 많은 힘을 싣기 위해서는 무엇보다도 종잣돈이 필요하다.

스무 살 때 나는 "25살 때까지 1억 원을 모으겠다"는 목표를 세웠었다. 1억 원은 상징적인 숫자였다. 내 한계를 극한까지 시험해보는 목표였지만, 그렇다고 100억처럼 도무지 가질 수 없을 것 같은 목표는 아니었다. 쉽지도 않지만 아주 불가능한 목표도 아닌 1억. 그때의 내게 그것은 단 하나의 희망이었다. 뭐하나 내세울 것 없고 도와주는 이도 없었던 시절, 만약 스스로 그 목표를 달성해낸다면 나에 대한 믿음을 다시 한 번 되찾을 수 있을 것 같았다.

지금 당장 100억이라는 돈이 있다면, 그것으로 1,000억을 벌기란 식은 죽 먹기다. 100억 만큼의 정보와 기회가 있기 때문이다. 10억으로 100억을 버는 것은 그보다는 조금 더 힘들겠지만 긴 시간이 걸리지는 않을 것이다. 1억을 가지고 10억을 버는 것도 마찬가지다. 일정 수준 이상의 돈을 가지고 있다면, 자산을 불리는 것은 게임이나 마찬가지다. 때때로 실수도 하겠지만 큰 변화가 없는 한 돈은 돈을 불러 모은다.

문제는 0원에서 1억 원 만들기다. 이것은 더 이상 게임이 아니다. 돈이 있거나 아예 없거나 그 기로에 선 문제다. 그만큼 절실하면서도 어려운 목표지만 그것을 해낸다면 스스로에 대한 자신감은 물론 실제로 조금은 돈으로부터 자유로워질 수 있다.

'1억 종잣돈'의 중요성	
100억 →1,000억	누워서 떡먹기(난이도 下): 돈이 돈을 버는 단계
10억 →100억	앉아서 떡먹기(난이도 中)
1억 →10억	일어서서 떡먹기(난이도 上)
0원 →1억	가능하거나 가능하지 않거나

1억 원을 갖는다는 것은 재테크에 깃발을 꽂는 것이나 다름없다. 1억을 모으는 순간, 비로소 게임을 시작할 수 있는 위치에 서게 된다. 무엇을 하든 그 돈은 훗날 마중물로써의 역할을 톡톡히 해낼 것이다. 이것이 내가 누구라도 일단 '1억 모으기'에 도전해볼 것을 권하는 이유다. 그리고 우리는 지금부터 함께 '그 방법'에 대해 차근차근 알아볼 것이다.

20대에 익혀서
평생 가는 돈 습관

"만약 당신이 어디로 가고 있는지 모른다면
결국 목표와 다른 곳에 있게 될 것이다."

– 로렌스 피터 (Lavrence J. Peter, 콜롬비아대 교수)–

재테크 나라의
'똑똑한 소비자'

경제적 관점에서 세상의 모든 물화는 두 개의 가치체계로 나뉜다. 바로 사용가치와 교환가치다. 예를 들어, 옷은 사용가치를 지녔다. 옷은 직접 몸에 걸쳐야만 (사용해야만) 그 가치가 드러나기 때문이다. 만약 내가 그 옷을 걸치고 싶다면 당연히 그것을 가져야만 한다. 물건을 사용하기 위해 그것을 소유하는 과정이 먼저 일어나야 하는 것이다.

반면에 지폐는 사용가치적인 측면에서 보자면, 똥 닦는 휴지보다도 보잘 것 없다. 바닥의 물을 닦을 때는 걸레가 낫고, 메모를 적기에는 하얗고 반질반질한 노트가 낫다. 지폐를 가지고 직접 할 수 있는 일은 거의 아무것도 없다.

하지만 돈이 중요한 이유는, 그것이 교환가치를 지니고 있기 때문이다! 지폐로 똥을 닦을 수는 없지만, 그것으로 부드러운 3겹 화장지를 살 수는 있다. 즉 돈은, 내가 갖고 싶은 물건과 교환이 가능하다. 그리고 그 말은, 돈을 무엇과 바꾸느냐에 따라 그 가치가 달라진다는 뜻이기도 하다.

여기 한 달에 100만 원씩 버는 두 사람이 있다고 해보자. A는 현재를 위해 먹고, 마시고, 입고, 즐기는 데 그 돈을 사용했다. 충분히 즐겁게 살고 있지만 소유하는 데 돈을 다 써버렸기 때문에 미래를 위한 몫은 남질 않았다. 반면 B라는 사람은, 돈을 교환가치로 보고 미래를 위해 소비하는 사람이다. 저축을 하는 목표가 뚜렷하고, 목표에 더 빨리 도달하기 위해서 원금에 수익률을 더할 수 있는 방법을 생각한다. A처럼 돈은 소비하는 것이라고 생각하지만, 현재를 위한 소비 대신 펀드 등의 금융상품을 사는 데 돈을 사용한다.

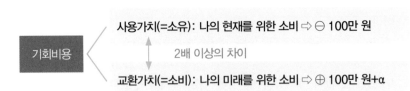

예를 들자면 이렇다. 나는 단돈 몇 만 원의 현금이 생기면 곧장 은행 ATM 기기로 달려간다. 기계에 돈을 넣는 것 자체를 (미래를 위한) 일종의 소비행위라고 생각하기 때문이다. 그렇게 하다 보면 어느 순간 실제로 물건을 살 때 느낄 수 있는 흥분을 저축을 하거나 투자를 하면서도 느끼게 된다. 게다가 어디에 썼는지도 모른 채 새어 나가는 지출을 막을 수 있고, 조금씩이나마 붙는 수익률을 보는 재미도 쏠쏠하다. 재테크 나라의 '똑똑한 소비자'가 되면 이렇게 전혀 다른 차원의 기쁨을 가질 수 있게 된다.

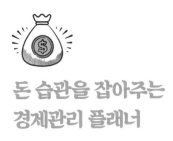

돈 습관을 잡아주는
경제관리 플래너

미국 조지아주립대 스탠리 교수가 발표한 '부자 지수 공식'은, 부자가 될 가능성을 수치로 보여준다는 점에서 매우 흥미롭다. 계산법은 단순하다. 아래처럼, 순 자산에 10을 곱한 값을 나이에 연소득을 곱한 값으로 나누면 된다. 이때 나온 결과가 0.5 이하라면 돈 관리에 문제가 있다는 뜻이고, 0.5~1 사이라면 노력이 필요한 상태, 1 이상이 나왔다면 돈 관리를 잘하고 있다는 뜻이다.

$$\frac{\text{순 자산} \times 10}{\text{나이} \times \text{연소득}}$$

예를 들어 연봉이 3천만 원이고, 순 자산이 5천만 원인 30세 직장인이 있다고 해보자. 이 사람의 부자 지수를 계산해보고 싶다면, 5천만 원에 10을 곱한 값을 나이에 연봉을 곱한 값으로 나누면 된다. 계산하면 0.55가 나온다. 지금보다는 노력이 좀 더 필요한 상태다.

물론 이 수치를 맹신할 수는 없다. 하지만 수입이 아무리 많아도 모아둔 자산이 없으면 수치가 낮게 나올 수밖에 없다는 점에서, 현재 자신의 자산관리 상태를 판단할 수 있게 도와주는 도구로써 사용해볼 만하다. 또한 다른 사람의 자산이나 수입과 비교하지 않고, 오로지 내가 가진 조건만을 대입해 산출하는 방식이라는 점에서 의미가 깊다. 그러니 만약 수치가 기대보다 낮게 나왔다면 자신도 모르게 새는 돈은 없는지 챙겨보아야 한다.

사람은 컴퓨터가 아니다. 그렇기 때문에 자신의 자산 상태나 돈의 흐름을 머릿속으로 완벽하게 파악하고 있기란 불가능하다. 그럴 때 필요한 것이 바로 자산의 상태를 수치로 보여주는 도표다. 우리가 흔히 '경제관리 플래너'라고 부르는 것들이다. 부자 지수를 높이기 위해서, 즉 미래에 부자가 될 확률을 높이기 위해서는 자산 상태표나 현금 흐름표 같은 경제관리 플래너와 친해져야 한다.

경제관리 플래너는 자산관리를 도와주는 지도 혹은 나침반이라고 볼 수 있다. 내가 지금 제대로 된 방향으로 가고 있는지, 효율적으로 자산을 관리하고 있는지, 언제쯤 목표 지점에 도달할 수 있는지 등을 보여주고 최종 목적지에 무사히 도착하게 도와주는 도구다.

경제관리 플래너를 제대로 활용하려면 아래의 세 가지 과정을 습관처럼 실행해야 한다.

일단 상황에 맞는 재테크 목표를 설정한다. 그런 다음 자산 상태표를 이용해 자신의 현재 자산 상태를 파악한다. 마지막으로 매월 마지막 날, 자산 상태표와 현금 흐름표를 다시 작성해서 그 달의 자산 상태를 점검한다.

매달 자산을 점검하는 일이 번거롭게 느껴질 수도 있지만 일단 시작하고 나면 오히려 그 시간이 제일 기다려질 것이다. 한 달 동안 얼마나 열심히 달려왔고, 앞으로 얼마나 더 달려가면 목표에 도달할 수 있는지 눈으로 직접 확인할 수 있기 때문이다. 이렇게 틈틈이 자산을 점검하는 습관은 목표를 달성하는 데에도 커다란 동기부여가 된다.

자산 상태표

도표의 왼쪽에는 자산을 적고, 오른쪽에는 부채를 적는다. 간단한 대차대조표라고도 볼 수 있다.

그 중 현금자산은 현금과 비슷한 환금성을 갖는 자산을 말하며, 펀드나 주식, 예금과 적금 같은 재테크 상품들이 이에 해당된다. 반면에 현물자산은 현금이 아닌 물품이다. 소장 가치가 있는 물건이 이에 해당하며 대표적인 현물자산으로는 자동차가 있다.

아래 [예시 1]에 나온 자산 상태표는 일반적인 사회초년생의 상황을 기준으로 작성한 것이다. 사회초년생이 아닌 일반 직장인이라면 [예시 2]를 참고하면 된다. 향후 수입이나 지출에 따라 '자산' 부분과 '부채' 부분의 항목을 더하거나 뺄 수 있다.

자산 상태표는 자신의 현재 자산 상황을 보여주는 것이기 때문에 재테크 목표를 정한 후 작성해보고, 매월 말일마다 다시 작성하는 것을 규칙으로 한다. 현금 흐름에 따라 자산 상황도 조금씩 달라지기 때문이다. 기업에서는 정기적으로 회계 장부를 작성한다. 개인도 하나의 1인 기업이라는 관점을 가지고 개인 재무제표에 해당하는 자산 상태표를 매달 작성해볼 수 있어야 한다.

[예시 1] 사회초년생 자산 상태표

자산		부채	
항목	평가금액	항목	평가금액
현금자산 적금	3,000,000	담보 대출 학자금 대출 전세자금 대출	10,000,000 24,000,000
부동산 전세 보증금	30,000,000	신용 대출	
현물자산			
총자산	33,000,000	총부채	34,000,000
		순자산	-1,000,000

자산		부채	
항목	평가금액	항목	평가금액
현금자산 적금 청약 펀드 주식	5,000,000 11,000,000 10,000,000 10,000,000	**담보 대출** 전세자금 대출 자동차 대출	50,000,000 10,000,000
부동산 전세 보증금	100,000,000	**신용 대출** 직장인 신용 대출	30,000,000
현물자산 자동차	15,000,000 (팔았을 때, 중고차 시세 기준)		
총자산	151,000,000	**총부채**	90,000,000
		순자산	61,000,000

현금 흐름표

현금 흐름표는, 일정 기간 동안의 수입과 지출을 정리해서 보여주는 도표다. 자산 상태표처럼 매월 작성해야 하지만, 자산 상태표가 전체 자산과 부채를 한눈에 보여준다면 현금 흐름표는 매월 1일부터 말일까지 '얼마를 벌어서 얼마를 쓰고 얼마를 남겼는가?'를 보여준다. 도표의 왼쪽 칸에는 수입을 적고, 오른쪽 칸에는 지출을 적어 좌우로 비교해볼 수 있다.

고정지출란에는 매월 큰 변수 없이 나가는 고정금액을 적는다. 이자비용, 공과금 등이 여기에 해당한다. 변동지출란에는 식비, 교통비처럼 내 의지에 따라 지출을 조절할 수 있는 항목을 적는다. 저축이나 부채상환처럼 현금 흐름상에서는 지출이지만, 매월 자산으로 유입되는 지출은 자산형성지출란에 따로 적는다.

일반 지출에 비해 자산형성지출 액수가 많을수록 자산을 불리는 데 유리하다. 부자가 되기 위해서는 수입도 중요하지만, 그만큼 지출을 억제하는 능력 또한 중요하기 때문이다.

[예시] 현금 흐름표

수입		지출	
항목	평가금액	항목	평가금액
고정수입 급여	2,500,000	고정지출 대출이자	100,000
		합계	100,000
		변동지출 기타	400,000
		합계	400,000
변동수입 용돈	100,000	자산형성지출 부채상환 적금	1,000,000 1,000,000
		합계	2,000,000
		잉여자금 (지출 여부는 개인의 선택)	100,000
총수입	2,600,000	총지출	2,600,000

'하루 지출' 정하기

이제는 일일 지출 금액을 관리하는 방법을 알아볼 차례다. 하루가 모여 한 달이 되고, 한 달이 모여 일 년이 되고, 그 시간들이 모여 비로소 우리의 미래가 된다. 따라서 지출에 대한 일 한도를 정해두는 것은 생각보다 중요하다.

가계부 쓰기는, 일 한도와 월 한도를 통제하는 가장 좋은 방법이다. 하지만 익숙해지기까지 시간이 많이 걸리며 쓰기가 귀찮다는 단점이 있다. 하루 이틀 밀리다 보면, 어느새 가계부 쓰는 것 자체를 포기하게 된다.

그렇다면 가계부를 쓰지 않고도 지출을 통제할 수 있는 방법은 없을까? 물론 있다. 일일 지출 한도를 미리 정해놓으면 된다! 일 지출 한도를 정할 때는, 한 달 동안 예상되는 전체 변동지출금액을 계산한 다음, 그 금액을 그 달의 일수로 나누면 된다.

월 400,000원÷30일 = 하루 약 13,300원

한도를 인식하는 것은 지출을 억제하는 가장 강력한 방법 중 하나다. 일 지출 한도를 정해놓으면, 물건을 살 때마다 그것이 꼭 필요한 물건인지 한 번 더 생각해볼 수 있다. 또한 잔금을 얼마나 남기느냐에 따라 그날그날의 기록을 깨는 재미도 있다. 가계부를 매일 작성하지 않고도 하루 동안의 지출액을 파악할 수 있고, 남은 기간 동안 한도 내에서 지출하도록 욕구를 조절할 수 있다.

한도 안에서 지출한 후 남은 금액은 잔액란에 적어둔다. 하루 지출 한도가 13,300원일 경우, 그날 10,000원만 썼다면 잔액은 3,300원이 된다. 월 누적 잔액란에는 말 그대로 누적된 잔액을 계산해서 적는 것이다. 어제의 잔액이 3,300원이었고, 오늘의 잔액이 1,300원이라면 오늘까지의 월 누적 잔액은 4,600원이 된다.

이 금액이 쌓이면 잉여자금이 된다. 이 돈으로는 따로 저축을 하거나 투자를 해도 좋고, 아니면 보상 차원에서 그동안 갖고 싶었던 물건을 사서 자신에게 선물해도 좋다. 물건을 산다고 해도 한도를 넘어서는 추가 지출이 아니기 때문에 괜찮다.

[예시] 일 한도 가계부

월 한도 400,000원 ÷ 30일 = 일 한도 약 13,300원

날짜	항목	지출 합계	일 한도 잔액	월 누적 잔액
1/1	점심 5,000원 교통비 3,000원 커피 2,000원	10,000원	3,300원	3,300원
1/2	점심 6,000원 교통비 4,000원 커피 2,000원	12,000원	1,300원	(3,300원+1,300원) = 4,600원
· ·				
합계				

만약 예시에 나온 것처럼 지출 금액을 항목별로 적는 게 힘들다면, 처음에는 '일일생활비' 봉투를 이용해볼 수도 있다. 즉 한 달 생활비를 현금으로 한꺼번에 찾은 다음, 하루 사용 금액인 13,000원을 '일일생활비' 봉투에 넣어둔다. 그리고 하루 동안 그 봉투에 든 13,000원으로 생활해보고, 하루를 마무리할 때 잔액을 확인해서 봉투 겉면에 날짜와 잔액을 함께 적는다. 그런 다음 내일 사용할 13,000원을 다시 그 봉투에 넣어둔다. 이 방법을 이용하면 항목별 지출 통제는 할 수 없지만, 정해진 금액으로 생활하는 습관은 기를 수 있다. 중요한 것은 정해놓은 지출액 안에서 생활하고, 그것에 익숙해졌을 때부터 생활비를 조금씩 남기는 것을 습관화하는 것이다.

통장 분리 시스템 구축하기

경제관리 플래너와 함께 꼭 실행해야 할 것이 바로 '통장 분리하기'다. 이것은, 한 푼이라도 더 많은 이자를 받기 위해 자금의 성격에 따라 각각 다른 통장(상품)을 이용하는 것을 말한다. 즉 기간에 따라서(몇 년 안에 써야 할 돈인지 몇 십 년은 묵혀둘 수 있는 돈인지), 투자 목적에 따라서(3년 후 종잣돈 마련/ 5년 후 결혼자금 마련/ 7년 후 내 집 마련 등등) 각각에 맞는 최적의 금융상품을 찾고 상황에 맞게 포트폴리오를 짜서 자금을 관리하는 것을 뜻한다.

각각의 자금들이 주거래 은행의 입출금 통장을 통해서 자동으로 빠져나가게 설정해놓으면, 주거래 은행의 입출금 내역만 보고도 전체 금융거래의 흐름을 파악할 수 있게 된다. 또한 컴퓨터 하드 디스크에 최종 목표와 중간 목표에 따른 재테크 자료나 문서를 항목별로 분류해 저장해놓으면 그때그때 필요한 것을 쉽게 찾을 수 있다. 이렇게 되면 자산관리에 드는 시간을 반으로 줄일 수 있을 뿐 아니라 인생 전반에 걸친 자금 흐름 계획을 한눈에 파악할 수 있게 된다. 연봉이 오르거나 이직을 하거나 휴직을 하는 등 자금 상황이 달라질 때도 재빨리 계획을 수정할 수 있다.

[예시] 통장 분리 시스템

	통장 이름	금액	활용 방법
입출금(월급) 통장에서 자동이체	용돈	용돈 30만 원, 대출금 이자 40만 원	신용카드 / 체크카드와 연계 대출이자 자동이체
	3년 후 종잣돈 마련	(매달 30만 원씩) 1,080만 원+α	적금, 예금, CMA, 채권 등 활용
	5년 후 결혼자금 마련	(매달 100만 원씩) 6,000만 원+α	펀드, ISA 등 활용
	7년 후 내 집 마련	(매달 100만 원씩) 8,400만 원+α	청약통장, 장기주택마련펀드 등 활용

경제관리 플래너를 실행하고 상황에 맞게 통장을 분리했다면 이제 그 시스템 안으로 돈이 빨려 들어오는 것은 시간문제다. 더 이상 돈이 모이지 않는다는 핑계를 댈 수는 없을 것이다!

지름신을 피할 수 없다면, 고수처럼 누리자!

우리가 찾는 성공은 사주팔자나 타로카드, 별자리점 어디에도 존재하지 않는다. 진정한 지혜는, 성공의 여신에게 다음 행선지를 물어보는 약삭빠름이 아니라, 본질에 접근하고자 하는 진지함에 달려 있기 때문이다. 피부를 위해 아무리 값비싼 시술을 받고 보톡스 주사를 맞는다 한들, 일상에서의 충분한 수면과 건강한 식습관이 뒷받침되지 않으면 결코 효과를 볼 수 없는 것처럼 말이다.

재테크도 마찬가지다. 한방에 돈을 벌게 해줄 방법은 어디에도 없다. 그렇기 때문에 "이 펀드가 괜찮대", "이 상품이 대세야" 등의 말에 레이더를 가동시키기보다는 자신의 소비 욕구를 제대로 조절해내는 게 관건이다. 눈앞의 달콤한 마시멜로를 보면서도 먹지 않고 참아내는 능력, 즉 '미래를 위해 현재의 고통을 감수하는 능력'이 결국 재테크의 승패를 결정한다.

하지만 모든 일이 그렇듯 필요 이상으로 쥐어짜면 부작용을 피할 수 없다. 다이어트를 너무 심하게 하다 보면 어느 순간 폭식에 대한 욕구를 막을 수 없는 것처럼, 절약에만 목매다 보면 지름신의 폭풍에 휩싸이게 되는 건 시간문제다. 과도하게 스스로를 채찍질하는 대신 어느 정도 욕구를 풀어놓는 시간을 정해놓는 게 더 현명한 태도다.

욕구를 적절한 선에서 조절하는 게 힘들다면, 아예 원칙을 정해서 나만의 투자 – 지출 시스템을 만들어도 좋다. 예를 들어, '한 달 월급의 50%는 투자(혹은 저축), 30%는 생활비, 20%는 나를 위한 소비' 같은 원칙을 만들 수도 있다. 이 경우 월급이 100만 원이라면 나를 위한 소비 금액의 최대치는 한 달에 20만 원이 될 것이다. 만약 갖고 싶은 물건이 60만 원이라면, 3달 동안 '나를 위한 소비 금액'을 모은 후에 살 수 있다. 이렇게 정해진 선 안에서 욕구를 풀고 조절하는 것이 똑똑한 소비자의 첫걸음이다.

물론 문득 이런 의문이 생길 수도 있다.

'한 달 생활에 필요한 고정비가 월급의 30%를 넘어설 경우엔 어떡하지?'

예를 들어 자취를 하고 있는데 한 달 방값이 30만 원인 경우에는 벌써 그것만으로도 월급의 30%를 넘어선다. 이럴 경우에는 일정한 목표액을 모으기까지 '나를 위한 소비 금액'을 조절할 수밖에 없다. 적게 쓰면서도 만족을 얻을 수 있는 전략을 세우거나 생활비를 줄일 수 있는 다양한 방법을 생각해봐야 한다.

건전하게 사치하기

일상생활에 필요한 것들은, 필요할 때마다 사야 한다. 하지만 불현 듯 고개를 쳐드는 특별한 소비 욕구, 즉 명품가방이나 명품시계 등 좀 더 고가의 소비 욕구가 생길 때는 어떻게 하면 좋을까?

나는 브랜드 옷이 사고 싶을 때마다 그 브랜드의 주식을 산다. 예를 들어, 빈폴 옷이 사고 싶다면 옷 대신 제일모직 주식을 사는 식이다. 그리고 제일모직 주식이 올라서 투자 수익금이 생겼을 때 그것으로 원래 사고 싶었던 옷을 산다.

평소에 자주 이용하는 브랜드가 있다면 그 기업의 주식을 사볼 수도 있다. 즉 신세계 백화점을 자주 이용한다면 신세계 주식을, 롯데마트를 애용한다면 롯데기업의 주식을 사서 활용해볼 수도 있다.

그 기업의 소비자로 머무는 대신 어엿한 투자자의 길을 선택하는 이러한 소비 습관을 나는 '건전한 사치'라고 부른다.

배당기준일(보통 12월 31일)에 해당 기업 주식을 소유하고 있다면, 배당금[*] 또한 쏠쏠한 용돈이 될 수 있으니 가볍게 시작해보는 걸 추천한다.

자동차를 사고 싶다면

자동차는 이제 휴대폰과 함께 생활의 필수품이 되어버렸다. 할부 상품의 유혹 앞에서 너도나도 당당히 빚 목록에 자동차 할부금을 올려놓는다. 유지비까지 생각하면, 한 달에 50만 원 이상의 돈이 오너드라이버라는 명목으로 자연스레 빠져나간다. 하지만 당신도 이미 알고 있을 것이다. 가장 저렴하고 합리적으로 자동차를 소유하는 방법은 일시불 구매라는 사실을!

하지만 자동차 딜러들은 하나같이 저금리 할부상품을 보여주며, 지금 당장 돈이 없어도 할부로 사라고 유혹한다. 할부상품을 팔게 되면 부가적인 판매 수수료를 챙길 수 있기 때문이다. "이 가격에 팔면 남는 것이 없다"는 그들의 말을 곧이곧대로 믿으면 안 된다. 게다가 자동차 딜러들은 1금융권이 아닌 주로 2~3금융권의 캐피탈 상품을 보여주는데, 잘못하면 신용점수에 악영향을 끼쳐 신용등급이 낮아질 수도 있다.

---

[*] 기업이 영업 활동으로 얻은 수익을 회사의 주주들에게 나누어 주는 행위. 보통 1년에 한 번씩 기업의 이익금을 주주총회를 거쳐 분배하는데, 당기의 배당금 총액을 발행주식수로 나눈 금액을 1주당 지급한다.

알다시피 할부는 대출이다. 금융회사(혹은 카드회사)에서 자동차 대금을 미리 지불해주고, 할부 기간 동안 원금과 그에 대한 할부 수수료(이자)를 구매자에게 요구하는 시스템이다. 일시불로 사면 지불하지 않아도 될 이자 수수료를 계속 내야 하는 것이다. 리스나 렌트도 마찬가지다. 월 몇 만 원으로 꿈에 그리던 자동차를 탈 수 있다고 광고하지만, 실상 면밀하게 따져보면 일시불로 구매하는 것보다 더 많은 돈이 들어간다.

그럼에도 불구하고 당장 대출을 활용해서 자동차를 사야 한다면 다음의 방법을 활용해보는 게 좋다. 일단 자동차 딜러에게 일시불로 살 거라고 얘기한 후 최대한 좋은 조건으로 저렴하게 자동차를 구입한다. 그런 다음 선수금을 제외한 금액을 1금융권의 자동차 대출상품을 통해 융통한다. 소득증빙이 가능하면 자동차를 담보로 했을 때 캐피탈보다 더 유리한 조건으로 대출을 받을 수 있다. 신한은행이나 국민은행 등은 자회사 카드로 결제하면 캐시백 혜택도 제공하니, 신용등급에 악영향을 끼치지 않으면서도 훨씬 더 저렴하게 새 자동차를 살 수 있다. 이른바 1석 4조의 효과를 거둘 수 있는 셈이다.

더불어 현대카드를 쓰고 있고 2년 이내에 현대나 기아 차를 구매할 계획이라면 'M포인트 신차구매 통장'을 신청해서 활용해보는 것도 괜찮다. 통장을 신청하면, 카드 사용으로 인해 매월 적립되는 M

포인트에 월 2%(연 24%)를 추가로 적립해준다. 그리고 통장을 만든 지 2년 이내에 신차를 구입하면 그 포인트를 전부 현금처럼 사용할 수 있다.

지금 내가 타고 다니는 차는 K5다. 차를 사고 싶다는 생각이 들었을 때, 나는 그 시기를 3년 뒤로 미루고 그때부터 자동차 ETF(국내 자동차 산업을 대표하는 20개 기업들의 KRX 자동차 지수를 기준으로 하는 상품)에 매달 50만 원씩 투자했다. 36개월 할부로 자동차를 구입하면 못해도 매달 50만 원은 할부금으로 빠져나갈 테니 그 돈을 투자 기준으로 삼았던 것이다.

그리고 마침내 3년에 걸쳐 투자한 원금(1,800만 원)이 2,000만 원을 뛰어넘었을 때, 자동차 딜러에게 전화를 걸어 시중에 출고된 K5 중 가장 저렴하게 구입할 수 있는 차량이 나오면 연락 달라고 부탁했다. 그 덕분에 출고 때부터 100만 원이 감가상각 된 차를 구할 수 있었고, 보통 추가적으로 붙는 할인 혜택에 '신차구매 통장'의 포인트 혜택까지 더해져서 2,500만 원의 차량을 2,000만 원도 안 되는 금액으로 구입할 수 있었다.

나는 이 차를, 2년 9개월 후 약 1,500만 원 선에 내놓을 생각이다. 자동차의 무상 AS 기간은 3년이다. 그리고 중고차 구매자들은, 몇 개월 타다가 이상이 생겼을 경우를 대비해 무상 서비스 기간이 남아 있는 차를 선호한다. 따라서 AS기간을 3개월 정도 남겨놓고 파는 게 가격을 최대한 높이는 하나의 방법이다.

사실 재테크적인 측면으로 보자면, 차를 사지 않는 게 가장 바람직하다. 하지만 이 시대에 평생 차 없이 사는 것은 불가능할지도 모른다. 그렇다면 차를 살 때도 약간의 수고를 감수하고 바지런을 떠는 게 더 좋지 않을까. 2,000만 원에 차를 사서 33개월간 이용하다 1,500만 원에 되판다면, 한 달 15만 원으로 내 자동차를 (그것도 K5 신차를) 타고 다닌 셈이 된다. 이것이야말로 진정한 꿩 먹고 알 먹기가 아니겠는가.

신용카드야말로 똑똑하게 사용해야 한다

신용카드와 체크카드 사이의 딜레마는 이것이다.

'혜택을 따지자면 신용카드, 지출을 관리하자면 체크카드. 하아, 신용카드를 체크카드처럼 사용할 수 있다면 좋을 텐데.'

방법은 있다. 바로 신용카드의 할부 한도를 0원으로 해놓고 일시불 결제로만 활용하는 것이다. 할부 이용한도를 0원으로 설정해서 할부 거래를 원천적으로 봉쇄하는 방법이다.

여기에 매달 12일을 결제일로 해놓으면 더 바랄 게 없다. 카드 사마다 약간씩 차이는 있겠지만, 보통 12일 즈음을 결제일로 해놓으면 전달 1일부터 말일까지의 사용분이 다음 달 카드 대금으로 나온다. 즉 그 달 안에서 지출을 계획하고 관리할 수 있게 된다.

하지만 기본적으로 신용카드는 신용을 담보로 한 대출 수단이라는 것을 잊어서는 안 된다. 달마다 꼬박꼬박 결제대금을 납부해서 연체 수수료가 붙지 않는다 해도, 먼저 쓰고 나중에 갚는 것이기 때문에 기본적으로는 대출 시스템과 똑같다. 신용카드가 무서운 것은, 당장 돈이 없는데도 돈을 쓰는 것에 익숙해지게 만들기 때문이다. 특히 할부 결제를 조심해야 한다. 무이자 할부 결제라 해도 빚내서 소비하는 습관에 절대 익숙해져서는 안 된다.

게다가 무이자 할부 결제는 일시불 결제와 달리 포인트 적립도 안 된다. 무이자 할부 혜택을 제공했으니 중복 혜택이라는 핑계 아래 (이 사실을 몰랐던 소비자도 꽤 있을 것이다ㅜ.ㅜ) 적립은 하나도 해주지 않는다. 할부 결제는 신용등급 관리에도 악영향을 미친다. 일반적으로 체크카드보다는 신용카드를 사용해야 신용등급 관리에 득이 된다고 알고 있는데, 그 유용함은 일시불 결제에만 해당된다. 생각해보라. 일시불로 결제해서 결제일에 바로바로 대금을 갚는 소비자와 툭하면 할부 결제(빚 위에 빚을 쌓는)를 하는 소비자 중 금융사가 누구를 더 신뢰하겠는가. 따라서 신용카드를 사용하고 있다면 '언제나 일시불만 존재한다'는 규칙을 항상 가슴에 새겨야 한다.

대출이 지나치게 쉽다면 의심하라

세상에 공짜란 없다. 진짜 좋은 것이라면 스스로 찾아가게 마련이다. 정말 맛있는 밥집이라면, 한두 시간 줄을 서서 기다리는 수고도 참아내게 된다.

문제는 남들이 좋다고 꼬드기는 것에 있다. 내가 원하지도 않고 찾지도 않았는데 남이 먼저 와서 좋다고 하는 것치고 진짜 좋은 것은 별로 없다.

대출을 할 때도 마찬가지다. 남이 좋다고 권하는 대출, 절차가 간편해서 누구나 할 수 있는 대출엔 눈길도 주지 말자. 카드회사에서 자꾸만 권하는 단기카드대출(현금서비스), 전화로 10분 만에 된다는 TV 광고 속 대출은 내 인생을 망치는 암적인 존재다.

대출은 항상 1금융권에서만 받아야 한다. 그것은 타협할 수 있는 문제가 아니다. 1금융권이 거절한 대출을 부득이하게 진행해야 한다면, 그것은 이미 돈을 빌리고 말고의 문제가 아니다. 어떤 식으로든지 내 생활 패턴에 문제가 있다는 뜻이기 때문에 지금의 상황을 다각도로 살펴봐야 한다.

여기서 예외가 하나 있다면, 1금융권이더라도 마이너스 통장은 피해야 한다는 것이다. 예를 들어, 한도 1,000만 원짜리 마이너스 통장을 만들어서 10만 원을 출금해 썼더라도, 금융사는 일단 1,000만 원을 대출한 것으로 인식한다. 마이너스 통장은 개인의 대출한도에도 영향을 줄 뿐 아니라 신용도도 낮아지게 만든다. 더욱이 대출이자도 높다! 한마디로 은행만 좋은 일이다.

마이너스 통장을 이용해야 할 상황이라면 차라리 필요한 자금을 담보대출을 통해 구하는 게 훨씬 낫다. 특히 은행은 자사의 예·적금을 든 고객에게 그것을 담보로 상대적으로 싼 금리의 대출을 제공하니, 자금이 필요하다면 한번 알아볼 만하다. 통상적으로 예·적금 담보대출금리는 예금금리+1.0%~1.5%의 수준이므로, 말하자면 1.0~1.5%의 금리로 대출을 받는 효과를 누릴 수 있다. 청약통장도 마찬가지다. 집을 구매할 계획이 없더라도 청약 통장을 가지고 있으면 급하게 대출이 필요할 때에 담보로 이용할 수 있다.

반드시 기억하라. 대출을 받는 절차가 까다롭고 필요한 서류가 많을수록 좋은 대출이다! 더불어 긴급하게 자금이 필요할 때라도 현금서비스나 신용대출보다 예·적금 담보대출을 활용하는 게 금리 면에서나 신용관리 면에서 유리하다는 것도 잊지 말자.

신용등급 관리하기

대출은 양날의 칼과 같다. 잘못 사용하면 치명타를 입게 되지만 제대로 사용했을 때는 지렛대 역할을 해주기도 한다. 가령 내 집을 장만하고 싶은데 분양권에 당첨됐다면, 대출을 통해 필요한 자금을 마련하는 건 괜찮은 선택이다. 그러니까 돈이라는 것을 '액면가의 숫자'가 아니라 '생산성의 숫자'로 활용할 수 있어야 한다. 그럴 때 부채도 재산으로 간주된다.

그런데 이때 똑같은 분양권을 가지고, 똑같은 은행에서 대출을 받는데 옆집 갑돌이보다 더 적은 금액을 빌리고도 더 높은 이자율을 감당해야 한다면? 이 얼마나 억울하고 분한 일인가.

그러니 조금 더 유리한 조건으로 일을 진행하고 싶다면 평소에 두 가지를 꾸준히 관리해놓아야 한다. 바로 신용등급과 주거래은행 고객등급이다.

신용등급이란, 금융기관이 본 고객의 위험률을 뜻한다. 신용평점이 1,000점에 가까울수록, 신용등급이 1등급에 가까울수록 신용상태가 좋다는 뜻이다. 신용등급이 높은 사람일수록 더 많은 돈을, 더 낮은 이자율로 빌릴 수 있다. 갚을 수 있는 능력이 있다고 믿는 사람에게 더 많은 돈을 빌려주는 것과 같은 이치다.

신용등급을 관리할 때 'NICE지키미'와 같은 회사를 이용할 수도 있다. 금융사기 방지, 명의 도용 차단, 신용 등급 관리와 같은 서비스를 제공하는 회사로, 회원가입을 하면 연간 4회까지는 무료로 자신의 신용정보와 등급을 조회해볼 수 있다. 더불어 연간 2만 원 정도의 금액을 내면 신용등급을 높이기 위한 다양한 컨설팅 및 서비스를 제공받을 수 있다.

신용을 관리하기 위해서는 사소해 보이는 내용이라도 스스로 챙기고 체크하는 게 중요하다. 가계부를 쓰듯이 본인의 신용을 꾸준히 관리해 나가야 한다.

위와 비슷한 이유로, 자신과 잘 맞는 주거래 은행을 정해놓는 것도 여러모로 득이 된다. 각각의 은행은 저마다의 기준에 따라 개인 고객에게 등급을 부여하고 혜택을 제공한다. 예를 들어, 하나의 주거래 은행을 정해놓고 자주 이용하다 보면 고객 등급이 점점 올라가게 되는데, 어느 은행이든 일정 등급 이상이 되면 은행 수수료를 면제해주는 등의 혜택을 제공한다. 만약 온 가족이 같은 은행을 주거래 은행으로 사용하고 있다면 거래실적 가족합산을 신청해볼 수도 있다. 고객과 가족이 동의할 경우, 은행은 가족의 실적을 합산해서 등급을 매기고 그 혜택을 가족 모두에게 동일하게 제공한다. 아직 주거래 은행을 정해놓지 않고 여러 개의 은행을 비슷한 빈도로 사용하고 있다면, "계좌이동서비스"를 통해 하나의 은행으로 편리하게 계좌를 모을 수도 있다.

주거래 은행을 정할 때는 가급적 자회사가 많은 금융권을 선택하는 게 좋다. 고객등급을 매길 때는, 자회사 상품을 포함한 모든 거래를 반영하기 때문이다. 예를 들어, 국민은행을 주거래 은행으로 삼고, 자동차 보험으로는 KB손해보험 매직카 다이렉트를 선택하고, KB투자증권을 이용해 주식거래를 하면, 이 모든 거래가 고객 등급 평가에 함께 반영된다. 즉 자회사가 많은 금융권을 선택해 거래를 늘릴수록 더 높은 등급을 받는 게 쉬워진다는 뜻이다.

이 별거 아닌 차이가 훗날 대출 이자율을 최대 5%까지 벌려놓을 수 있다. 단순히 1억 원이라고 한다면 500만 원의 차이가 발생하는 것이고, 5억 원을 빌린다면 2,500만 원이라는 어마어마한 금액을 벌거나 잃을 수도 있게 되는 셈이다.

그러니 20대라면 학점과 토익점수만 관리할 게 아니라, 이 두 가지를 함께 꾸준히 관리해나가는 것을 잊지 말자.

처음 도전하는
청춘의 실전 투자

기초단계

"가장 만족스러웠던 날을 생각해보라.
그날은 아무것도 하지 않고 편히 쉬기만 한 날이 아니라
할 일이 태산이었는데도 결국은 그것을 모두 해낸 날이다."

– 마가렛 대처 (Margaret Thacher, 전 영국수상) –

복리를 알면
투자가 보인다

복리는 정직한 마법이다. 모든 재테크 책에 '복리 개념'이 나와 있는 것은, 복리를 이해하고 실천하는 것이 재테크의 기본이기 때문이다. 이렇듯 복리는 아주 기본적이고 상식적인 개념이지만 놀라운 것은 그것을 통해 불어나는 자산의 크기다. 그것은 실로 마법과 같다.

일단 복리의 뜻부터 알아보자. 쉽게 말해서, 복리란 원금뿐만 아니라 이자에도 이자가 붙는 개념이다. 즉 초기 원금에 이자를 더해서 그것을 다시 원금으로 삼을 때 일어나는 마법이다. 초기 원금에만 이자가 붙는 단리 방식과는 많은 차이가 있다.

1억 원의 목돈을, 이자율 10%의 상품에 2년간 복리로 투자할 경우를 따져보자(계산을 단순화하기 위해서 이자율은 10%로 설정했다).

1년 후 이자: 1억 원×10%=1,000만 원

2년 후 이자: 1억 원+1,000만 원×10%=1,100만 원

투자결과: 1억 원+1,000만 원+1,100만 원= 1억 2,100만 원

1억 원을, 이자율 10%의 상품에 2년간 단리식으로 투자할 때의 결과는 다음과 같다.

1년 후 이자: 1억 원×10%=1,000만 원

2년 후 이자: 1억 원×10%=1,000만 원

투자결과: 1억 원+1,000만 원+1,000만 원=1억 2,000만 원

무려 100만 원이나 차이가 난다. 특히 복리 방식은, 원금에 이자를 더해서 다시 이자가 붙는 방식이기 때문에 시간이 흐를수록 (혹은 장기적으로 투자할수록) 자산이 눈덩이처럼 불어난다.

예를 들어, 매달 100만 원씩 정직하게 모을 경우 1억 원을 만들기 위해서는 8년 4개월이라는 시간이 필요하다. 이것을 매달 100만 원씩 각각의 이자가 5%인 적금과 예금 상품을 활용해 복리의 마법을 부린다면 결과는 어떻게 달라질까?

일단 첫해에 매달 100만원 씩 납입하는 적금을 시작한다. 매달

100만 원씩 적금을 넣으면 1년 후 원금은 1,200만 원이 된다. 적금 이자율이 5%이므로 이자는 27만 4,947원이다(적금 이자율 계산법은 다음 장에 나오니 참고하자). 계산을 쉽게 하기 위해 약 30만 원이라고 가정하자. 즉 1년간 적금을 통해 1,230만 원이라는 목돈을 마련한 셈이다.

이제 이 돈을 찾아서 고스란히 1년짜리 정기예금에 넣는다. 이때부터 복리의 마법은 시작된다. 적금을 통해 얻은 원금과 이자를 합해서 예금에 넣으면, 원금과 이자에 각각의 이자가 붙는 효과가 나타나기 때문이다. 그리고 다시 매달 100만 원씩 붓는 적금에 새로 가입하면 1년 뒤에는 이제 총 2,521만 5,000원이라는 목돈이 생긴다(예금 1,291만 5,000원+ 적금 1,230만 원). 마찬가지로 이 목돈을 고스란히 예금에 넣고, 또다시 새로운 적금을 붓는다.

위와 같은 과정을 반복하다 보면 7년 뒤에는 약 1억 12만원이라는 돈이 생긴다. 즉 복리를 통하면 1년 4개월이나 빨리 1억을 모을 수 있게 되는 것이다. 투자 금액과 이자율이 높으면 높을수록 자산은 더 빠르게 불어난다. 이것이야말로 복리의 효과를 가장 극적으로 보여주는 예이다.

100만 원씩 복리 방식으로 투자했을 때 (이자율 5%의 적금과 예금 상품을 이용)		
기간	방법	결과
1년	매달 100만 원씩 적금 상품 이용	원금:1,200만 원 (=100만 원×12개월) 이자: 30만 원 = 1,230만 원
2년	목돈(1,230만 원) → 예금 상품 거치 매달 100만 원씩 다시 적금 상품 이용	예금 결과: 1,291만 원 적금 결과: 1,230만 원 = 2,521만 원
3년	목돈(2,521만 원) → 예금 상품 거치 매달 100만 원씩 다시 적금 상품 이용	예금 결과: 2,647만 5,000원 적금 결과: 1,230만 원 = 약 3,877만 원
7년	· · ·	예금 결과: 약 8,782만 원 적금 결과: 1,230만 원 = 약 1억 12만 원(1년 4개월 단축)

여기서 주의해야 할 게 하나 있다. '복리'가 특정한 상품의 시스템은 아니라는 점이다. 일반적으로 '복리를 주는 상품' 같은 것은 따로 나와 있지 않다. 투자자가 직접 '복리 개념'을 이해하고 그러한 시스

템을 만들어나가야 한다.

이제 3년짜리 정기 적금을 덜컥 들었던 스물 한 살의 그때로 돌아가 보겠다. 그때 은행원은 내게 장기 적금을 권하면서 이런 말을 던졌다.

"1년짜리 이자율은 5%입니다. 그런데 3년짜리 이자율은 5.5% 예요. 무려 0.5%나 높아요. 어떤 것을 선택하시겠어요?"

은행에 나와 있는 장기 예금과 장기 적금은 거의 대부분 단리 상품이다. 만약 그때 내가 '복리의 개념'을 알고 있었다면 절대로 3년짜리 적금은 들지 않았을 것이다. '다시없을 기회'라는 은행의 사탕 발림에 넘어가서 무심코 들었던 상품들도 복리 개념을 장착한 채 다시 바라보면 '기회'가 아닌 경우가 부지기수다. 이것저것 따지기 귀찮다면 이것만 생각하라. 정기예금이나 적금을 들 생각이라면, 무조건 1년씩 계약하자. 그리고 1년이 지난 후에 무조건 원금에 이자를 더해 다시 새로운 상품에 투자하자.

적금 이자의
실체를 파악하라

연 이자율이 5%인 정기적금을 들었다고 가정해보자. 이때 1년 뒤에 실제로 받게 될 돈은 얼마일까? 여기서 주의 깊게 살펴봐야 할 부분은, 적금은 매달 일정한 돈을 불입하는 방식인데 반해 이자율은 연 단위라는 것이다. 즉 연 이자율 5%라는 뜻은 1년 동안 맡겨놓은 금액에 한해서만 5%의 금리를 준다는 뜻이다.

예를 들어, 2015년 1월에 100만 원씩 불입하는 1년짜리 정기적금을 들었다고 해보자. 연 이율은 5%라고 나와 있다. 이 상품의 경우, 첫 달에 불입한 100만 원에만 5%의 이자가 붙게 된다. 즉 첫 달에 납입한 100만 원은 만기 때까지 1년 동안 예치될 금액이므로 연 이자율 5%가 그대로 적용돼 5만 원의 이자가 붙는다. 하지만 두 번째 달은 예치 기간이 11개월이므로 이자는 100만 원×0.05×

11/12라는 공식에 의해서 4만 5,833원이 된다. 그리고 만기 전달인 12월에 불입한 100만 원은 이자가 4,166원(100만 원×0.05×1/12) 밖에 붙지 않는다. 해지 시점까지 한 달밖에 남지 않았기 때문이다. 따라서 연 이자율 5%의 상품에 100만 원씩 1년간 적금을 부었을 때 받게 될 이자는 60만 원이 아니라 32만 4,996원이다.

게다가 여기서 끝난 게 아니다. 은행이 명시한 모든 이자율은 전부 세전 이자율이기 때문이다. 즉 소득에 대한 세금을 떼기 전의 이자율이라는 뜻이다. 우리는 또다시 이자의 15.4%(=소득세 14%+주민세 1.4%)를 세금으로 내놓아야 한다. 이제 우리가 받게 될 이자는, 적금이자 32만 4,996원에 부과되는 15.4%의 세금을 제외한, 27만 4,947원이 된다. 5%라는 수치만 듣고 생각했던 금액의 반타작도 안 되는 금액이다.

이제 알겠는가.

"고객님, 저희 은행 적금 이자는 5%랍니다"라고 말해도 실제 이자율은 2.5%가 채 안 된다는 사실을.

그렇기 때문에 적금은 약정 기간이 길면 길수록 손해다(복리 개념으로 보자면, 예금도 그렇다). 명시된 이자율의 반토막도 안 되는 이자율도 그렇거니와 중간에 적금을 깨면 그 쥐꼬리 이자조차도 받을 수 없기 때문이다. 물가상승률(대략 3~4% 이상)을 감안하면 가만히 앉아서 돈을 까

먹는 셈이다. 아무리 이자율이 더 높다고 해도, 지출을 통제하면서
목돈을 만드는 최고의 방법이라고 속삭여도 적금 기간은 길게 설정
하지 말아야 한다.

						적금 이자율의 실체!						
1월	2월	3월	4월	5월	6월	7월	8월	9월	10월	11월	12월	합계
100만	-	-	-	-	-	-	-	-	-	-	→	100만 원×0.05×12/12 =5만 원
	100만	-	-	-	-	-	-	-	-	-	→	100만 원×0.05×11/12 =4만 5,833원
		100만	-	-	-	-	-	-	-	-	→	100만 원×0.05×10/12 =4만 1,666원
			100만	-	-	-	-	-	-	-	→	100만 원×0.05×9/12 =3만 7,500원
				100만	-	-	-	-	-	-	→	100만 원×0.05×8/12 =3만 3,333원
					100만	-	-	-	-	-	→	100만 원×0.05×7/12 =2만 9,166원
						100만	-	-	-	-	→	100만 원×0.05×6/12 =2만 5,000원
							100만	-	-	-	→	100만 원×0.05×5/12 =2만 833원
								100만	-	-	→	100만 원×0.05×4/12 =1만 6,666원
									100만	-	→	100만 원×0.05×3/12 =1만2500원
										100만	→	100만 원×0.05×2/12 =8,333원
											100만	100만 원×0.05×1/12 =4,166원

연 5% 이자율의 적금이자 합계: **32만 4,996원**(×15.4% 과세) → **27만 4,947원**(실제 이자)

펀드,
A부터 Z까지

내가 어린 시절을 보냈던 1990년대에는 기준금리가 10% 이상이었다. 몇 만 원의 세뱃돈을 은행에 넣어두면 이자가 몇 천 원씩이나 붙었던 그때. 그래서 저축은 미덕이었고 누구나 다 부모님 손을 잡고 은행에 가곤 했다. 과거처럼 고금리 시대에는 저축이 답이었다. 굳이 위험을 무릅쓰고 투자를 할 필요가 없었다. 은행에 맡기기만 해도 10% 이상의 이자, 즉 자산 증식을 하는 데 있어서 필요한 수익률이 확보되었던 것이다.

하지만 지금은 얘기가 다르다. 저금리 시대다. 금리가 물가상승률보다 높지 않기 때문에 예금이나 적금에 투자해도 실제 수익률은 마이너스가 될 수밖에 없다. 투자의 위험을 무릅써야 하는 이유가 여기에 있다. 그리고 이럴 때 우리가 가장 쉽게 의지할 수 있는 투자

처는 바로 펀드다.

펀드를 알아보기에 앞서, 개미들이 직접 주식시장에 뛰어들 때 질 수밖에 없는 이유를 먼저 살펴보자.

만약 총알 한 개를 가진 군인과 총알 1,000개를 가진 중대가 전쟁을 한다면 결과는 어떻게 될까? 아무리 뛰어난 사격술을 가진 저격수라고 해도 절대 승산이 없다. 가지고 있는 총알이 하나뿐이니 백발백중이라 해도 결국 쓰러뜨릴 수 있는 상대는 한 명뿐이다! 게다가 총알이 하나뿐이니 빗나가면 안 된다는 생각에 저절로 긴장이 돼 엉뚱한 곳에 총알을 날려 버릴지도 모른다.

반면에 총알이 많은 중대는 심리적으로 여유가 있다. 이번에 못 맞히면 다음에 맞추면 되니 평정심이 생긴다. 게다가 이 평정심 덕분에 오히려 백발백중이 가능해진다.

주식시장도 마찬가지다. 개미들은 총알도 많지 않을뿐더러 투자금의 규모도 적다보니 원금 대비 10%의 수익이 나도 갈증은 계속된다. 100억을 투자했을 때 10% 수익률이 나면 이익금만 10억이다. 하지만 똑같은 수익률이라도 100만 원을 투자했다면 이익금은 고작 10만 원에 불과하다.

바로 이 지점에서 투자와 투기가 갈린다. 즉 은행이자의 2~3배가 넘는 수익률을 기대하는 순간, 투자는 곧바로 투기로 전락한다. 도박이 '불법적인 투자'라고 한다면, 투기는 '합법적인 도박'에 지나지 않는다. 주식시장에 뛰어들었다면 높은 수익률에 휘둘리지 않을 강단이 있어야 한다. 하지만 개미들은 가지고 있는 돈이 별로 없기에 대박을 찾는다. 100만 원을 투자해도 삼성전자 주식은 1주밖에 살 수 없지만 처음 들어보는 값싼 주식은 2,000주 이상을 살 수 있다고 하면 드넓은 바다에서 진주를 찾는 심정으로 실수를 하고 만다. 중요한 것은 애당초 진주가 없을 수도 있다는 사실이다. 그런데도 개미들은 눈에 불을 켜고 검증되지 않은 새로운 주식을 찾는다. 수익에 대한 기대치는 높은데 가지고 있는 돈은 적다 보니 이렇게 씁쓸한 상황이 벌어지게 된다.

반면에 기관이나 자산가들은 좋은 주식의 값이 떨어질 때를 기다린다. 가격이 충분히 내려갔다고 여겨지면 대대적인 투자를 감행한다. 그러니 개미들은 기관이나 자산가들을 절대 당해낼 수 없다.

그런데 펀드는 조금 다르다. 즉 10만 원을 들고서는 우량주를 사기도 힘들고, 리스크를 피하기 위해 여러 기업에 골고루 투자하기도 힘들다. 하지만 펀드는, 기관이 여러 사람의 돈을 모아서 엄선된 기업의 주식이나 채권 등의 다양한 상품에 대신 투자하고 그 수익금을 나눠주는 방식이다. 즉 투자신탁운용회사나 자산운용회사가 투자 상품(펀드 상품)을 만든 후 시간과 자금이 부족한 개인 투자자들의 투자금을 그 상품에 모아서 전문 펀드 매니저들에게 운용을 맡겨 수익을 내는 방식이다.

쉽게 말해서 "총알 한 개를 가진 사람이 총알 1,000개를 가진 기관에 합류해 버티는 것"이라 할 수 있다.

예를 들어, 우량한 기업인데 현재는 평가 절하된 곳(즉 예전보다 주식 가격이 낮아진 기업)들이 있다고 해보자. 그러한 기업들을 토대로 애널리스트와 펀드 매니저 등이 거르고 걸러 열 개의 종목을 선별해서 하나의 펀드 상품을 만들었다면 당신은 소액으로도 그 펀드에 투자할 수 있다. 만약 열 개 중 몇 개의 종목만 기대한 수익률을 달성했고, 몇 개의 종목에서는 손실이 발생했다면 어떻게 할까. 기대 수익률을 달성한 것은 매도해서 이익금을 지키면 되고, 아직 기대에 못 미치는 종목은 수익률이 오를 때까지 기다리면 된다. 손실이 났다 하더라도 반등의 가능성이 남아 있다면 오히려 다른 종목에서 벌어들인 수익금으로 그 종목의 주식을 싼 값에 더 사놓고 수익률이 높아지기를 기다릴 수도 있다.

사실 어떻게 운용하든 개미들이 직접 주식시장에 뛰어들어 투자 종목을 고르는 것보다는 펀드에 투자하는 게 더 쉽고 믿을 만하다.

알아두면 유용한 펀드 용어들

펀드 설정액: 펀드 설정액이란 펀드 상품에 유입된 자금의 총액을 말하며, 설정액의 크기가 클수록 펀드의 규모도 크다고 볼 수 있다. 즉 설정액을 보면 그 펀드의 운영 규모와 스타일을 대략적으로 알 수 있다. 만약 설정액이 1조라고 한다면 1조의 투자금액을 운영하고 있는 셈이 되므로, 펀드를 구성하는 상품들이 뻔해지고 주가에 탄력적으로 대응하기 힘든 면이 있다. 주식 환경에 가장 발 빠르게 대응할 수 있는 펀드의 설정액은 500억~1,000억 내외다. 500억 원 미만은 아직 검증이 덜된 상품이라고 생각해도 무방하다.

주식매매 수수료: 펀드 상품 수수료와 운용 보수를 눈에 보이는 비용이라고 한다면, 주식을 사고팔 때마다 지불해야 하는 주식매매 수수료는 눈에 보이지 않는 비용이다. 증권거래가 얼마나 빈번하게 발생하느냐를 얘기할 때 보통 '매매회전률'이라는 표현을 사용하는데, 예를 들어 자산운용회사가 펀드 상품에 모인 100억 규모의 투자금으로 주식을 샀다가 모두 팔면 매매회전률은 100%다. 두 바퀴를 돌면 200%가 된다. 미국의 경우에는 펀드 상품의 매매회전률이 평균 100% 정도인데 비해, 우리나라의 경우에는 매매회전률이 1400~1500%인 대형펀드도 수두룩하다. 회전률이 높을수록 주식매매 수수료는 많이 나갈 수밖에 없다. 그리고 이는 고스란히

투자자의 손실로 돌아오니 펀드 상품을 고를 때는 그 상품의 매매회전률도 꼭 따져보는 게 좋다.

펀드 매니저: 펀드 매니저가 누구인지, 또 얼마나 자주 바뀌는지의 여부도 확인해야 한다. 펀드 매니저는, 펀드를 실제로 운영하고 있는 사람이기 때문에 결국 그 사람의 운용스타일과 철학에 따라 상품이 움직일 수밖에 없다. 즉 펀드 매니저가 바뀐다면 펀드의 운용전략도 달라질 수밖에 없는 것이다. 따라서 내가 투자한 펀드를 누가 운용하고 있는지 관심 있게 지켜봐야 한다. 각 펀드를 운영하는 펀드 매니저는 펀드 운영보고서에 명시되어 있으니 체크하길 바란다.

그밖에 펀드에 대한 각종 정보는 제로인에서 운영하는 펀드닥터 (http://www.funddoctor.co.kr) 사이트를 이용해서 알아볼 수 있다. 펀드에 대한 모든 정보가 들어 있으니 관심을 갖고 시간 날 때마다 기웃거려보자.

펀드의 유통구조 이해하기

갈증이 느껴진다. 마실 것을 찾아 편의점에 들른다. 다양한 종류의 음료수를 중에 칠성 사이다를 고른다. 그런데 이 사이다는 내 손에 들어오기까지 어떤 과정을 거쳤을까.

그 시작에는 롯데칠성음료㈜라는 음료 제조사가 있다. 회사는 신제품을 내놓기 전, 전체 음료시장을 분석해서 어떤 시장을 승부처로 삼을 것인지 논의한다. 이번에는 탄산음료 시장이 승부처로 떠오른다. 진입 시장이 확정됐으니 그 시장의 주요 경쟁업체와 상품을 분석해야 한다. 최대 경쟁상품은 코카콜라라는 결론이 나왔다. 이제 제조사는 코카콜라를 이기기 위한 방법을 연구하기 시작한다. 그리고 마침내 '칠성 사이다'라는 새로운 탄산음료를 시장에 선보인다. 이 신제품은 출시되자마자 전국 방방곡곡에 있는 마트와 편의점에 진열된다. 그리고 그곳에서 최종 소비자의 선택을 기다린다.

펀드의 유통구조도 이와 비슷하다. 미래에셋이나 한국투자밸류 같은 자산운용사들이 바로 펀드 상품들을 만들어내는 제조사다. 자산운용사에 속해 있는 전문가(애널리스트나 펀드 매니저)들은 개별 상품을 만들기 전 투자 스타일부터 결정한다. 즉 이번 상품은 가치주로 할 것인지 성장주로 할 것인지 배당주로 할 것인지 등을 결정하는 것이다. 그런 다음 기업들을 분석해서 투자할 만한 기업들을 선별해내고 그 리스트를 토대로 포트폴리오를 짠다. 이때 자사의 제품이 추구하는 투자 철학을 가미한다. 이렇게 만들어진 각각의 펀드 상품들은 고유의 이름을 달고, 은행과 증권사를 통해 소비자에게 판매된다.

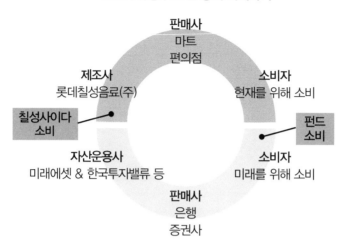

펀드의 유통구조 한 방에 이해하기

판매사
마트
편의점

제조사
롯데칠성음료(주)

소비자
현재를 위해 소비

칠성사이다
소비

펀드
소비

자산운용사
미래에셋 & 한국투자밸류 등

소비자
미래를 위해 소비

판매사
은행
증권사

유통구조를 놓고 보자면, 사이다를 사는 것이나 펀드를 사는 것이나 별반 다를 바가 없다. 차이라면, '편의점'과 '사이다'는 자주 접했기 때문에 친숙하다는 것뿐. 만약 한 번도 휴대폰을 바꿔본 적 없는 사람이라면 역시나 새로운 휴대폰을 사기 위해 대리점을 찾는 게 부담스럽고 각종 보상제도와 요금제도를 볼 때마다 머리가 지끈거릴 것이다.

불편한 것은 당연하다. 처음 해보는 것이기 때문이다. 무슨 일이든 다 그렇다. 이럴 때 필요한 것은 '경험'이다. 경험을 쌓아야만 긴장이 사라진다. 펀드를 사는 일 역시 마찬가지다. 편의점을 드나들 듯이 은행과 증권사를 방문해 펀드에 대한 정보를 묻고 관심을 기울인다면, 어느새 그 일은 '사이다'를 사는 일만큼이나 쉬워질 것이다.

ISA 통장
200% 활용하기

펀드는 크게 국내에 투자하는 펀드와 해외에 투자하는 펀드로 나뉘고, 주식과 채권의 투자 비중에 따라 주식형, 주식혼합형, 채권형, 채권혼합형 등으로 또 나뉜다.

시간의 힘이 있는 20대라면 공격적인 주식형 펀드에 도전하는 걸 추천한다. 주식형 펀드로는 성장주, 가치주, 배당주 상품이 있으며 좀 더 세밀하게 나누면 테마주, 인덱스까지 주식형에 포함시킬 수 있다.

이때 펀드의 이름을 잘 들여다보면 자산운용사, 투자전략, 투자할 금융상품, 수수료의 체계까지 한눈에 파악할 수 있으니 무심코 지나치지 말고 다시 한 번 들여다보는 습관을 기르는 게 좋다.

[예시] 상품 이름으로 알아보는 펀드 정보

'미래에셋 디스커버리 주식형 4 classA'	
미래에셋	펀드를 운용하는 자산운용사 이름이다. 즉 미래에셋에서 이 펀드의 자금을 운용한다는 뜻이다. 은행, 증권사 등은 단지 판매를 대행할 뿐이다.
디스커버리	펀드의 이름이다. 자산운용사의 운용 스타일 및 운용 철학을 담고 있다. 즉 일종의 투자전략을 드러낸다고 볼 수 있다.
주식형	어떤 상품에 투자하는지 알 수 있다.
4라는 숫자	이 펀드의 시리즈 번호라고 할 수 있다. 4라고 씌어 있으면 해당 펀드의 네 번째 시리즈라는 의미다. 이 숫자가 높을수록 나름대로 잘나가는 인기 있는 펀드라고 볼 수 있다. 전체 모집금액이 1조 원이 넘을 때에만 다음 시리즈가 허용되기 때문이다. 그렇다고 해도 무조건 높은 수익률을 보장하는 것은 아니다.
class A	마지막에 씌어 있는 알파벳은 수수료의 체계를 의미한다. 대개 A형은 선취수수료, C형은 후취수수료를 뜻한다. 선취형은 투자할 때 원금에 대한 수수료를 미리 떼어가는 것이고, 후취형은 운용하고 난 후 원금과 수익에 대한 수수료를 함께 떼어가는 것이다. 장기투자를 전제로 했을 때 수익률을 극대화하기 위해서는 후취형보다 선취형이 유리하다. C형보다는 A형을 선택하면 된다.

하지만 전문가들은 투자금을 하나의 펀드에 몰아넣기보다는 포트폴리오를 짜서 여러 가지 성격의 펀드에 넣어두라고 조언한다. 수익률 좋은 펀드 하나만 골라서 꾸준히 투자하면 될 줄 알았는데 포트폴리오까지 짜야 하다니. 게다가 국내와 해외 투자 비중은 6:4 정도로 해야 하고, 유동성을 감안해서 설정액은 500억~1,000억 원 내외의 것을 선택해야 하고 …… 알아야 할 게 끝이 없다.

용어마저도 어렵기 짝이 없다.

상황이 이러한데 도대체 펀드는 언제 시작할 수 있을까. 그런데 이런 모든 번뇌와 고민을 한 방에 날려줄 따끈따끈한 상품이 여기 있다. 절세도 되고, 포트폴리오도 알아서 짜주고 운용도 알아서 해주는 'ISA 만능통장'이 바로 그것이다.

ISA(개인종합자산관리계좌)란 무엇인가

근로자와 자영업자, 농어민과 청년층의 자산 형성을 지원하기 위해 정부가 2016년부터 도입한 제도다. 하나의 통장으로 예금과 적금은 물론 주식·펀드·ELS 등의 파생상품에도 투자가 가능한 개인통합계좌다.

1인 1계좌에 한해서 은행이나 증권사 등의 금융기관에서 개설할 수 있으며, 근로자나 자영업자라면 자신의 소득을 증빙할 수 있는 자료를 준비해야 하고, 농어민이라면 따로 확인서가 필요하다. 단 별도의 소득이 없는 15~29세의 경우라면 바로 청년형 ISA 상품에 가입할 수 있다. 유형은 두 가지다. 가입자가 직접 운용을 지시하는 신탁형과 금융사에게 운용을 맡기는 일임형. 일임형을 선택하면 금융사가 몇 가지 정형화된 투자 모델 포트폴리오를 투자자에게 보여준다. 투자자는 그 포트폴리오들 중에서 자신의 성향에 맞는 상품으로 골라 가입하면 된다.

ISA의 가장 큰 혜택은 투자 수익에 대한 세금이 아예 없거나 아주 적다는 것이다. 매년 2,000만 원 이하의 투자금액에 한해서, 거기에서 발생하는 200만 원 이하의 수익금에 대해서는 세금을 떼지 않는다. 이 비과세 혜택은 5년 동안 적용된다. 만약 총 수익이 200만 원을 넘어섰다면 초과분에 대해서만 9.9%의 낮은 세율로 분리과세를 한다. 현재 예·적금의 이자에 대한 세금이 15.4%인 것에 비하면 꽤 괜찮은 조건이다. 계좌의 돈은 언제든지 인출할 수 있지만, 만약 5년 내에 돈을 인출하면 비과세 혜택은 받을 수 없다. 즉 5년 동안은 ISA 계좌를 유지해야 한다.

단 총급여 5,000만 원 이하의 근로자나 종합소득이 3,500만 원 이하인 사업자, 청년형 ISA 상품에 가입한 사람의 경우에는 의무 가입기간이 5년에서 3년으로 줄어든다.

ISA 활용법

다음에 나와 있는 예시는, 2016년 4월에 내가 직접 가입한 ISA 상품이다. 일임형이기 때문에 운용전략에 따른 포트폴리오가 미리 정해져 있다.

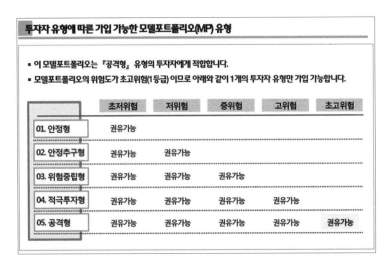

나는 20대 시절, 직접 CMA와 펀드를 알아본 후 5년 동안 매달 100만 원씩 투자해서 1억 원을 모았다. 이 전략을 바로 적용해볼 수 있는 최적의 상품이 바로 ISA다. 일반적으로 5년은 유지해야 비과세 혜택을 받을 수 있으므로, '5년 안에 1억을 모아보자'와 같은 목표를 달성하기에는 최적의 조건인 셈이다.

또한 매달 100만 원씩 불입한다고 했을 때 5년 동안 깨지만 않는다면 세금을 전혀 안 낼 가능성이 99.9%다. 매달 100만 원씩 불입하면 매해 원금은 1,200만 원이 될 것이고, 요즘 같은 때라면 한해 수익률이 아무리 높아도 10%를 넘기 어려울 테니 수익금 역시 200만 원을 넘어서지 않을 것이다. 즉 매해 원금이 2,000만 원을 넘지 않을 때 수익금의 200만 원까지 면세혜택을 준다는 조건에 딱 맞아 떨어진다.

여기서 오해하지 말아야 될 게 하나 있다. 내가 앞의 상품 자체를 추천하는 것은 아니라는 점이다. 내가 국민은행 ISA 상품을 선택한 것은, 국민은행이 내 주거래 은행이기 때문이다. 애플의 아이폰과 삼성의 갤럭시가 각각 장단점이 있는 것처럼, 각종 금융사의 ISA 상품들도 그렇다. 상품 자체가 아주 뛰어나거나 큰 단점이 없는 한 (예를 들어, 수수료의 엄청난 차이 등), 자신이 주로 거래하는 금융권의 상품에 가입하면 편하다. 다만 초보자라면 신탁형보다는 일임형을 선택하고, 아직 젊다면 고수익을 추구하는 초고위험 공격형 모델을 추천해 본다.

ISA로 재테크 지식 무장하기

내가 직접 가입한 ISA 상품의 6월 수익률이 아래에 나와 있다. ISA 역시 투자자가 직접 상품의 수익률을 조회해보는 게 가능하다. 리스트를 보면 '피델리티 아시아 증권' 상품이 3.7672%로 가장 높은 수익률을 올리고 있고, '하나UBS 코리아 중소형 증권' 상품이 −2.1642%로 가장 낮은 수익률을 기록하고 있다.

KB국민 만능 ISA 고수익 추구 A형의 수익률

보유자산 운용현황　　　　　　　　　　　　　　　　　조회일자: 2016.06.15

투자원금	평가금액	단순수익률
1,100,000	1,100,939	0.0800%

보유자산 상세내역

운용상품명	상품비율	자산별보유잔액	잔고좌수	평가금액	단순수익률
투자대기자금	0.02%	186	0	186	0.0000%
NH-Amundi 개인 MMF1호(국공채) CW	10%	110,000	110,097	110,202	0.1836%
미래에셋 고배당 포커스 증권자투	10%	110,000	113,271	111,719	1.5627%
피델리티 아시아 증권 자투자신탁	10%	110,000	106,877	114,144	3.7672%
하나UBS 코리아 중소형 증권자투자	15%	165,000	163,722	161,429	-2.1642%
AB 글로벌 고수익 증권투자신탁 (	10%	110,000	105,860	111,794	1.6309%
KB 밸류 포커스 증권 자투자신탁(	10%	110,000	112,829	107,958	-1.8563%
피델리티 글로벌 배당 인컴 증권	15%	165,000	165,964	164,392	-0.3684%
미래에셋 스마트롱숏 30 증권자투자	10%	110,000	109,338	109,881	-0.1081%
KB 글로벌주식 솔루션 증권자투자신	10%	110,000	111,407	110,160	0.1454%

수익률을 확인했다면 이제 펀드닥터 사이트에 접속해서 위의 상품들을 다시 한 번 검색해볼 차례다. 그 사이트를 통해 '미래에셋 고배당 포커스 증권'은 1.5627%에 수익률을 올리는 반면 '하나UBS 코리아 중소형 증권'은 왜 마이너스를 기록하고 있는지 그 이유를 스스로 공부해볼 수 있기 때문이다. 직접 가입한 만큼 꾸준한 관심을 기울어야 한다. 자산운용사의 실력 차이 때문인지 투자 방식의 차이 때문인지 등등 다각도로 관심을 기울이다 보면 시간과 수익에 비례해 자연히 안목과 지식이 높아질 것이다. 이렇게 직접 부딪혀가며 깨닫는 것만큼 빠르고 효율적인 공부는 없다.

물론 금융사에서 광고하는 것처럼, ISA 통장이 언제나 만능인 것은 아니다. 은행이나 증권사는 당연히 자사가 만든 상품을 권하기 마련이며 그에 따른 상술도 피해갈 수는 없다. 하지만 속내야 어떻든 우리는 목표 달성을 위해 필요한 상품을 유용하게 활용하면 그만이다. 그러니 지금 당장 주거래 금융사에 가서 상품에 대한 상담을 받고, 가능한 규모의 돈부터 바로 시작하자!

결정할 것은
'하느냐, 안 하느냐' 그것뿐!

이제 우리가 해야 할 일은 매우 간단하다. 일단 펀드를 선택한다. 그 펀드에 5년 동안 적금 붓듯이 매달 100만 원씩 꼬박꼬박 넣는다. 5년이 지나면 더 이상 추가 납입은 하지 않은 채, 지금까지 불입한 원금 6,000만 원이 1억이 될 때까지 기다린다. 마침내 1억이라는 숫자를 찍으면 (누적수익률 약 67%) 당당히 펀드를 환매한다.

적금 대신에 펀드를 활용해 매달 100만 원씩 저축하고, 목돈이 만들어지면 예금처럼 그대로 거치식으로 유지해 1억 원을 만드는 방법이다. 즉 이것이야말로 적립식 펀드와 거치식 펀드를 동시에 이용한 투자 방법이며, 펀드를 통해 수익률을 극대화할 수 있는 방법이다.

게다가 매월 100만 원씩 펀드에 투자하는 전략은 코스트 에버리징 (Cost-Averaging, 가격 평균화) 효과를 일으킨다. 즉 주가가 높아지면 같은 돈으로 살 수 있는 주식의 수가 적어지므로 자동적으로 적게 매입하게 되고, 주가가 떨어지면 같은 돈으로 살 수 있는 주식의 수가 많아져 자동적으로 더 많은 주식을 매입하게 됨으로써, 평균 매입단가를 낮출 수 있게 된다. 이렇게 평균 매입단가가 낮아지면 주가가 떨어질 때에도 방어할 수 있을 뿐 아니라 처음 가입할 때만큼 주가가 오르지 않아도 수익을 낼 수 있다. 특히 주가가 떨어졌다가 반등할 때 더 높은 수익률을 기대할 수 있다는 점이 가장 매력적이다.

물론 최상의 시나리오는, 펀드의 수익률이 좋아서 5년 뒤 바로 1억이라는 숫자가 찍히는 것이다. 하지만 그 시간이 조금 길어진다고 해서 조급해하지는 말자. 예금과 적금을 복리방식으로 운영해도 1억을 만들기 위해서는 최소 7년이라는 시간이 필요했다. 그것도 이자율이 5%일 때 말이다. 그것과 비교해보더라도 우리에게는 2년이라는 시간이 더 남아 있다. 그러니 1억 원이 될 때까지 그 시간을 천천히 즐기면 된다.

누구나 기다리는 동안에는 초조할 수밖에 없다. 그 사이 수익률이 떨어지면 지금이라도 팔아야 되는 게 아닐까 갈등할 수밖에 없다. 하지만 그 시간을 의연하게 견딜 수 있어야 가장 값진 열매를 딸 수 있는 법이다.

개인적으로 주식에 관한 한 어떤 법칙도 신뢰하지 않는 편이지만 단 하나 예외적으로 믿는 게 있다면, 주식은 언젠가는 오른다는 것이다. 인류가 사라지지 않는 한 역사와 문명이 끊임없이 반복되고 발전해왔듯이 주식도 마찬가지다. 기업이 사라지지 않는 한 언젠가는 오르는 시점이 온다. 그러니 우리에게는 지켜야 할 원칙만이 있을 뿐이다. '1억 원이 될 때까지 기다린다'는 원칙 앞에 타협은 없다. 기다릴 수 있는 사람과 그렇지 못한 사람만이 있을 뿐이다.

파도를 즐기는 서퍼라면, 파도의 오르내림을 즐길 줄 알아야 한다. 섣불리 파도를 이기려고 들면 고꾸라지기 십상이다.

언제 이 공식을 시도해보면 좋겠냐는 질문에 나는 항상 이렇게 대답한다. 언제든지, 준비되는 대로, 가능하면 지금 당장! 이 공식에 가장 적절한 타이밍이란 없다. 내일 주식이 떨어질지 오를지 알 수 있는 사람은 아무도 없다. 그러니 일단 시작하라! 시작한 후에 마음가짐을 정비하고 소비습관을 관리하면서 투자에 적절한 환경을 끊임없이 만들어나가라. 시작하기에 가장 적절한 타이밍을 찾기보다는, 빠져나올 타이밍을 지키는 게 이 공식의 유일한 법칙이다.

매달 100만 원씩 어떻게 투자하느냐고 푸념하는 사람도 있을 것이다. 물론 각자가 처한 환경에 따라 입장이 다를 수는 있다. 그러나 정말 간절히 바란다면, 그것이 내 인생에 있어서 첫 번째 우선순위가 된다면 도저히 이룰 수 없을 것 같던 목표도 현실이 된다.

스무 살 시절, 고시원에서 생활하며 악착같이 모은 돈을 그대로 투자에 쏟아 부을 수 있었던 것은, 그런 절실한 목표가 있었기 때문이다. 그리고 그 간절함은 결국 5년 후에 꿈을 이루게 해주었다. 시작하기 전에는 할 수 없을 것 같았던 일이었다. 하지만 내가 직접 이루고 나니 단단한 마음가짐만 있다면 누구나 할 수 있는 일이라는 것을 알게 됐다.

사람마다 출발선은 다르지만, 누구나 몇 번은 인생의 기회를 잡을 수 있다. 기회가 올 때까지 우리가 할 수 있는 것은 버티고 행동하는 것, 오로지 그것뿐이다. 그것이야말로 우리가 할 수 있는 최선이다!

5년 동안 1억 모으기	
지금, 가장 효율적으로 1억을 모을 수 있는 방법	
비법	매달 100만 원씩 5년 (60개월) 동안 적금 붓듯이 펀드에 투자하자. ⇒ 5년이 지나면 추가 납입하지 않고, 지금까지 투자한 6,000만 원이 1억 원이 될 때까지 기다리자. 최대한 2년까지 기다려도 좋다. 그리고 마침내 1억 원을 찍으면 환매!
투자 방식	<u>적립식 펀드</u>(적금처럼) 5년 ▶ <u>거치식 펀드</u>(예금처럼) **최대 2년까지**
적립식 펀드	적립식 펀드는, 목돈을 마련하기 위한 가장 좋은 투자 방식이다! Cost-Averaging 효과 : Cost-Averaging(코스트 에버리징, 구매 비용을 평균화하는 투자법으로 정액분할 투자법을 뜻한다.) 일정한 금액을 꾸준히 투자하는 적립식 펀드의 경우, 주가가 높을 때는 주식을 적게 사고 주가가 낮을 때는 주식을 많이 사게 되므로 한 주당 평균 매입 단가는 낮아지게 된다. 즉 동일한 주식을 싼 값에 살 수 있게 되므로, 그 주식의 주가가 떨어졌다가 반등할 때 좋은 수익률을 낼 수 있다.
핵심	펀드의 성공여부는, 지식의 유무가 아니라 실천 여부에 달려 있다. 이 사실을 깨닫는 것만으로도 여러분은 이미 절반의 성공을 거둔 것이나 다름없다.

기술은 마인드를
이길 수 없다

주식시장에 통용되는 '절대 법칙'이 하나 있다면, 바로 '변하지 않는 법칙은 없다'는 것이다. 모든 문을 딸 수 있는 만능열쇠는 처음부터 없었다. 원리에 따라 차트를 분석하고, 거기에서 특정한 법칙을 도출해내는 것은 사실 별 의미가 없다. 그것은 구멍에 종이를 대고 오려서 열쇠를 만드는 것과 같다. 설령 한 치의 오차도 없이 열쇠구멍에 딱 맞게 종이를 오려냈다고 해도 (이것도 가능하지 않지만) 종이 열쇠를 넣고 돌린다고 해서 과연 문이 열릴까?

주식시장은 기술적이지도 않고 이성적이지도 않다. 그 시장에서 확실한 것은 '오르거나 내리거나' 이 두 가지뿐이다. 동전을 던졌을 때 앞이 나올 확률과 뒤가 나올 확률이 똑같이 50%인 것과 같다. 그러니 단순하게 생각하면, 주가가 떨어질 때 싸게 사서 오를 때 비싸게 팔면 그만이다.

그러니 이 시장에서 살아남으려면 기술보다는 마음가짐이 중요하다.

첫째, 기본을 지킨다.

간혹 대박 수익률을 자랑하는 주식 고수들의 영웅담이 들리곤 한다. 하지만 자세히 살펴보면 한두 번의 성공을 되풀이해서 말하는 경우가 대부분이다. 실상 그 이면에는 여덟아홉 번의 뼈아픈 실패가 드리워져 있다. 아홉 번 실패해도 한 번 대박나면 그만이라고 생각하는가. 절대 그런 착각에 빠져서는 안 된다.

A라는 사람이 1억 원이라는 돈을 몽땅 주식에 투자했다고 해보자. 그런데 수익률이 -50%가 났다. 투자금액은 반토막이 나서 5,000만 원이 되고 말았다. 이제 원금을 되찾으려면 수익률은 100%가 돼야만 한다. 즉 손해를 복구하려면 두 배의 노력이 필요하다. 이러한 손실과 이익의 생리를 파악하고 있어야만 대박의 허상에 휘둘리지 않을 수 있다.

무작정 '돈을 많이 벌고 싶다'는 마음은 위험하다. 그런 마음으로 시작하면 자연히 '한 방'에 솔깃하게 된다. 검증되지 않은 정보에 휘둘려 득보다 실이 많다는 것을 알면서도 직접 주식시장에 뛰어들고,

큰돈을 벌고 싶은 나머지 목돈을 한꺼번에 투자한다. 하지만 그 끝이 무지개로 이어지는 경우는 별로 없다.

이 시장에서 살아남기 위해서는 기본을 지키는 게 가장 중요하다. 일단 원하는 미래를 그려보는 게 먼저다. 구체적으로 그릴수록 좋다. 예를 들어, 막연히 '집을 사고 싶다'고 꿈꾸기보다는 '어떤 지역의 몇 평대의 아파트를 사고 싶다'고 구체적으로 떠올릴 수 있어야 하고, '그 집을 사기 위해서 몇 년 안에 얼마를 모아야 한다'고 수치로 나타낼 수 있어야 한다.

그러한 기준점이 있어야만 주변의 유혹에 휘둘리지 않고 적절한 목표 수익률을 정할 수 있게 된다. 그래야만 한 방의 고점을 노리는 대신, 시간을 두고 차근차근 단계를 밟아나가는 투자 방법을 선택하게 된다.

둘째, 조용히 기다린다.

사재기로 조선 제일의 갑부가 된 허생! 그는 제사상에 올리는 음식의 수요를 조절해서 부를 쌓았다. 제사상에 올리는 음식 중 대추와 밤 같은 것들은 평소에는 잘 먹지 않는 것들이라 제사를 앞둔 시점에만 가격이 올랐다. 허생은 평소에 그것들을 헐값에 사들였다가 제사가 다가오면 아주 비싼 값에 팔았다. 조상에 대한 예의를 중요하게 여겼던 조선 시대였으니, 사람들은 제사상에 올릴 음식이 아무리 비싸도 살 수밖에 없었다. 남들이 관심을 갖지 않을 때 사들이고, 모두가 필요로 할 때 비싸게 판다는 이 전략은 주식 시장에도 그대로 통용된다.

주가가 오를 때 주식시장에 뛰어들었다가 주가가 바닥칠 때 빠져나온다면 얻을 수 있는 것은 거의 없다. 비싸게 주식을 산 다음, 헐값에 넘기고 나오는 식이다. 적립식 펀드를 할 때도 마찬가지다. 한창 주가가 오를 때에는 큰돈을 불입하다가 주가가 떨어진다고 환매하거나 불입을 중단하면 위와 똑같은 실수를 저지르는 것이다. 손실이 날 때도 시간을 무기로 확률을 높여나간다는 마음가짐으로 평정심을 유지할 수 있어야 한다.

백화점에서 바겐세일을 하면, 싸게 살 수 있다는 이유만으로 여러 물건을 사들이곤 한다. 쇼핑에는 관대하면서 왜 투자할 때만 조급해지는가. 살 수 있는 상품이라는 점에서 옷과 주식은 동일하다. 우리는 그저 합리적인 소비자로 남아 있으면 된다. 지갑에 돈이 있고, 그 상품이 내게 필요하다면 값이 쌀 때 더 많이 사들이는 것은 당연하다.

이런 마음가짐을 지니면, 투자하는 동안 주식의 가치가 떨어져도 (수익률이 하락해도) 무너지지 않는다. 오히려 싼 값에 더 많은 주식을 살 수 있는 절호의 기회라며 좋아하게 될지도 모른다. 장기적으로 바라봤을 때 언젠가 한 번은 주가가 오를 것이고, 그렇다면 지금의 흔들

림 없는 선택은 더 높은 수익률과 이익금을 내게 가져다줄 것이다.

성공은 대단히 어려운 것을 해내는 것이 아니라 남들이 하지 않는 것을 해내는 것이다. 그것은 누구나 예상할 수 있는 길 끝에 있지만 남들이 다 포기할 때 끝까지 물고 늘어지는 사람만이 그것을 거머쥐게 된다. 결국 성공이란 무언가를 이루어내는 것이 아니라 꾸준히 한 길을 갈 때 주어지는 선물과 같은 것이다.

처음 도전하는
청춘의 실전 투자

심화단계

"진짜 위험한 것은
아무것도 하지 않는 것이다."

— 데니스 웨이틀리 (Denis Waitely, 인간행동학 박사) —

ETF와 펀드의 결정적 차이:
조립식이냐, 완제품이냐

지금부터는 펀드의 심화 상품이라 볼 수 있는, ETF*에 대해 알아볼 차례다. '검은 것은 글씨요, 흰 것은 종이'라고 용어를 이해하는 것조차 어려우니 그냥 하나만 기억하면 된다. ETF란, 펀드의 장점과 주식 거래 기법의 장점을 결합시킨 상품이라는 것! 즉 주식처럼 자유롭게 사고팔며 거래할 수 있는 펀드 상품인 것이다.

ETF와 펀드의 차이점은, 완성형 컴퓨터(펀드)와 조립식 컴퓨터(ETF)의 차이와 비슷하다. 보통 브랜드 완제품은 각종 부품에 대한 정보 없이도 원하는 사양과 가격만 맞으면 간편하게 구입할 수 있다. 그런데 조금만 발품을 팔아 조립식 컴퓨터를 알아보면, 똑같은 사양의 컴퓨터를 훨씬 더 저렴하게 살 수 있다.

펀드의 평균 수수료는 2.5%다. 그런데 ETF의 평균 수수료

---

* Exchange Trade Funds: 상장 지수 펀드, 개별종목 주식처럼 서로 거래할 수 있는 펀드

는 0.5%에 불과하다. 즉 100만 원을 투자한다고 했을 때 펀드는 25,000원의 수수료를 내야 하지만, ETF는 5,000원만 내면 된다. 무려 5배의 가격 차이가 나는 것이다. 똑같은 제품인데 5배나 싸게 살 수 있다면 과연 당신은 어떤 것을 선택하겠는가?

물론 컴퓨터를 잘 몰라서 알아보는 데만 몇 시간이 걸린다면 그냥 브랜드 완제품을 사도 큰 문제는 없다. 컴퓨터를 사용하기로 마음먹었다는 것은 변함없으니까. 다만 여기서는 똑같은 상품을 5배나 저렴하게 구매할 수 있는 방법을 알려주는 것뿐이다.

적립식 펀드는 은행에 자동이체를 걸어놓으면 알아서 돈이 빠져나가고, 자동으로 주문이 실행된다. 하지만 ETF는 매달 주식 거래하듯 투자자가 직접 상품에 투자해야 한다. "직접 사고 판다"는 말이 부담스러운가. 하지만 걱정할 것은 없다. 주식을 거래하는 홈트레이딩시스템(HTS)의 사용법은 인터넷에서 물건을 살 때 거쳐야 하는 온라인 결제 시스템보다도 쉽기 때문이다. 실제로 한 번만 경험해보면 주식 거래를 한 번도 안 해본 사람이라도 쉽게 이용할 수 있다. 게다가 5분 정도 걸리는 그 과정을 인내하면 5배나 저렴하게 상품을 구매할 수 있지 않은가! 최근에는 'ETF 적립식 자동주문' 서비스가 생겨서 펀드처럼 자동으로 구매하는 것도 가능해졌으니 도전해볼 만하다.

ETF 거래하기

일단 통장을 만들 듯이 증권사를 찾아가 주식 거래용 증권계좌를 만드는 게 첫 번째다. 이때 증권사는 가능하면 주거래 은행의 자회사를 선택하는 게 좋다. 국민은행이면 KB투자증권, 신한은행이면 신한금융투자 등을 선택할 수 있다.

계좌를 만들면 증권사 직원이 ETF 거래방법에 대해 설명해줄 것이다. 그래도 긴장이 풀리지 않는다면 아래의 ETF 거래방법에 대한 설명을 미리 읽어두자.

①계좌를 만든다. ②증권사 홈페이지에 들어가서 홈트레이딩시스템(HTS)을 다운받아 설치한다. ③제대로 설치가 되었다면 로그인을 한 후 주식주문 창을 클릭해서 연다. ④그런 다음 종목명이나 종목코드를 써넣고 돋보기 모양을 클릭해서, 내가 찾고자 하는 주식 종목을 조회한다. 거기서 ETF 항목을 누르면 모든 ETF 상품이 검색되는데, 예를 들어 'KODEX 레버리지*'상품을 사고 싶다면 그 이름을 클릭하면 된다. ⑤이제 투자할 돈을 자신의 증권사 계좌번호로 이체한다. ⑥이때, 수량 항목에서 현금 창을 누르면 현재 내 통장의 현금을 가지고 살 수 있는 주식의 수량이 자동으로 계산된다. 가령 통장에 100만 원의 돈이 있고, 내가 선택한 주식이 1주에 10,000원 한다

---

* 삼성자산운용에서 운영하는 국내최초 레버리지 ETF

면 약간의 수수료를 제외하고 구매할 수 있는 수량이 자동으로 계산돼 99주라는 수량이 뜬다. ⑦마지막으로 현금 매수를 눌러서 내가 선택한 주식을 산다. 주식을 사면 아래에 있는 잔고 창에 내가 산 주식이 실시간으로 뜬다. 그리고 100만 원에서 주식을 산 99만 원과 약간의 수수료를 제외한 돈이 주식 계좌 잔고에 예수금으로 잡힌다.

홈트레이딩시스템(HTS)을 다운받아서 설치 ▶ 로그인 ▶ 주식 주문창 클릭 ▶ 증권사 계좌번호로 투자할 돈 이체 ▶ 주식 주문

더 빠른 이해를 돕기 위해 다음 장에 실제 주식 거래 화면을 첨부했으니 한번 더 살펴보자.

삼성자산운용 KODEX 홈페이지(https://www.kodex.com/coMain.do)에 가면, 'KODEX 스토리. TV'라는 메뉴가 있고, 그 메뉴를 클릭하면 'KODEX 투자방법'이라는 하위 메뉴가 나온다. 그 하위 메뉴를 클릭하면 바로 투자방법 동영상을 볼 수 있다. 거래방법을 동영상으로 올려놓은 것이니 참고하면 좋다.

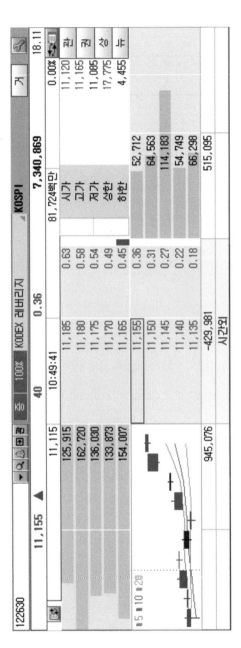

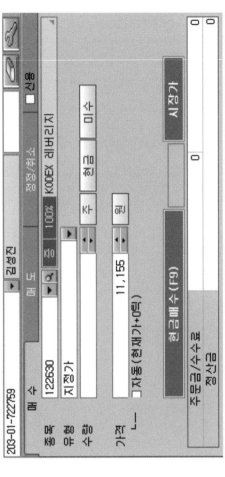

레버리지 ETF

그럼 이제는 ETF를 더 심도 있게 파고들어야 할 때가 왔다. 앞서 설명한 '허생의 법칙'을 기억하고 있는가. 지금부터 설명할 레버리지 ETF는 이 허생의 법칙을 펀드에 적용해서 효과를 극대화시킨 상품이다. 즉 쉽게 설명하자면, 값이 쌀 때(주식이 떨어졌을 때) 더 많은 자산을 들여 더 많이 사 모으는 방식으로 운용되는 상품이다.

이 펀드는 '지렛대 효과'를 이용해서 결과를 배로 구현하는 것이기 때문에 수익률도, 손실률도 일반 ETF보다 약 두 배로 발생한다. 즉 코스피 지수가 5% 올랐을 때 레버리지 펀드는 10%의 수익률이 날 수 있지만, 그 반대의 경우도 마찬가지다. 코스피 지수가 5% 떨어지면 레버리지 펀드는 10%의 손실이 날 수도 있다. 고수익 고위험 상품인 셈이다. 하지만 이 '레버리지 ETF'를 잘만 사용하면, 똑같은 금액을 똑같은 기간 동안 투자하더라도 더 빠른 시일 내에 내가 세운 목표 금액을 달성할 수 있다.

물론 'Wise Plan'과 'Safe Plan' 시스템을 장착하는 것을 잊어서는 안 된다.

Wise Plan

Wise Plan이란, "월 이체 기준 금액"을 기본으로 하되, "펀드 자동 이체일의 기준가"를 살펴서 펀드의 매수량을 결정하는 방식이다. 즉 기준가가 '평균 매입 기준가'보다 일정 비율 이상 떨어졌을 때는 펀드를 추가 매수하고, 일정 비율 이상 올랐을 때는 매수 금액을 줄이는 적립 유형을 말한다. 즉 펀드 자동 이체일의 기준가가 평균 매입 기준가의 90% 미만이라면 펀드 이체 비율을 120%로 늘리고, 90% 이상~110% 미만이라면 펀드 이체 비율을 100%로 유지하고, 110% 이상이라면 펀드 이체 비율을 80%로 낮추어서 투자하는 것을 뜻한다.

예를 들어, 매달 100만 원씩 5년 동안 투자해서 1억을 달성하기로 다짐했다고 해보자. 그 목표를 실현하기 위해 레버리지 ETF에 도전하기로 했다. 매달 1일에 투자하기로 계획하고, 일단 1월 1일에 100만 원을 투자했다. 한 달이 흘러 2월 1일이 됐다. 마찬가지로 100만 원을 투자하려고 주식거래사이트(HTS)에 접속했다.

그런데 저번 달에 투자한 게 10%의 수익이 났다. 그 말은 무슨 뜻일까. 내가 선택해서 투자한 상품의 주가가 그만큼 올랐다는 뜻이다. 즉 한 주 당 가격이 올랐다는 말이다. 그러니 이럴 때는 100만 원이 아니라 80만 원만 투자한다. 나머지 20만 원은 나중에 싸게 살 수 있는 기회를 위해 그대로 남겨두도록 한다.

만약 수익률이 −10%~110% 사이라면, 원래 목표로 했던 대로 100만 원을 투자한다. 그리고 반대로 손실률이 10%를 넘어섰다면 상품을 싸게 살 수 있는 절호의 기회이니 100만 원이 아닌 120만 원을 투자한다. 이것이 바로 내가 실제로 사용하는 'wise plan'이다.

Safe Plan

'Safe Plan'은 수익이 실현됐을 때, 그 수익금을 안정적인 자산으로 이체해서 관리하는 것을 뜻한다. 목표했던 수익률에 도달했다면, 그 금액만큼 주식을 환매해서 안정자산으로 이동시키는 방식이다. 예를 들어, 투자한 100만 원이 다음 달에 120만 원이 되었다고 가정해보자. 20%의 수익률을 올린 셈이다. 만약 자신이 목표로 했던 수익률이 20%였다면, 이제 수익금인 20만 원에 해당하는 수량만큼 매도한 다음 그 돈을 적금이나 생경주(다음 장에 설명할 상품)에 넣어둔다. 그렇게 하면 수익금에도 이자가 붙게 된다. 이것이야말로 상술이 아닌 제대로 된 개념의 복리인 것이다.

펀드 → ETF → 레버리지ETF → Wise Plan + Safe Plan

이 화살표의 방향을 따라가면서 고개가 끄덕여진다면, 이제 실제로 이 전략을 즐길 단계만 남았다.

요즘 뜨는 상품, 스마트베타 ETF!

빠르게 성장하고 있는 한국의 ETF 시장에서 요즘 가장 자주 들리는 단어 중 하나가 '스마트베타'이다. 레버리지 ETF가 지금껏 나온 ETF 모델 중 가장 조건이 좋은 베스트 상품이라면, 스마트베타 ETF는 가장 최근에 나온 모델이라고 할 수 있다.

스마트베타 ETF는 기존 ETF처럼 시장을 추종하는 데에 그치지 않고 플러스알파 수익을 추구하는 전략에 기초한다. 즉 특정 성향의 주식만 골라서 투자하는 ETF로, 지수 움직임 이상의 수익(알파)을 추구하는 주식형 펀드와 지수 상승폭과 같은 수익(베타)을 노리는 ETF의 장점을 합친 상품이다. 연 0.4% 안팎의 저렴한 수수료로 알파펀드와 비슷한 효과를 낸다.

전통적인 시가총액가중 방식이 아니라 기업의 내재가치(value)나 성장 모멘텀(momentum), 낮은 변동성(low volatility), 고배당(high dividend) 등 특정 요인을 활용해 지수를 가공하는 식이다.

자산운용사가 뽑은 대표적인 스마트베타 ETF (2016.9.23 기준)				
펀드명		주로 투자하는 주식 (혹은 구사하는 전략)	6개월 수익률	1년 수익률
삼성	KODEX200 내재 가치	KOSPI 200 지수 편입 종목 중에 변동성이 낮고 꾸준한 이익 성장이 기대되는 우량 기업 주식	5.2%	9.6%
	KODEX 배당성장	향후 배당 증가 가능성이 높은 주식	–	-3.1%
	KODEX 밸류plus	장부가 대비 주가가 저평가된 기업의 주식	설정 6개월 안 됨	
한화	ARIRANG스마트 베타 Value	시장이 하락했다가 상승하는 시기에 높은 수익을 낼 수 있는 저평가주	-0.9%	-0.2%
	ARIRANG스마트 베타 Momentum	시장이 상승할 때 시장 대비 양호한 성과를 기대할 수 있는 성장주	-5.5%	-7.1%
	ARIRANG스마트 베타 Quality	시장이 전반적으로 하락할 때 평균보다 좋은 수익률을 기대할 수 있는 우량주	-6.8%	-7.9%
한국투자	KINDEX 삼성그룹주	삼성전자, 삼성화재 등 삼성그룹이 성장할 때 높은 수익을 올릴 수 있는 주식	2.4%	-4.5%
	KINDEX 밸류대형	순자산과 매출액, 현금 흐름, 배당금 총액 등 펀더멘털이 좋은 기업의 주식	4.3%	9.9%
	KINDEX 배당성장	배당 수익률이 높은 주식	-2.7%	-0.1%
미래에셋	미래에셋 TIGER 커버드C200 ETF	파생상품에 일부 투자해 주가 변동성의 위험을 줄임	4.1%	9.6%
	TIGER 베타플러스 ETF	다른 주식에 비해 변동성이 큰 주식	6.2%	8.9%
	TIGER 코스피고배당 ETF	배당을 많이 하는 기업의 주식에 집중적으로 투자	0.7%	4.0%

※'KODEX 레버리지 ETF'를 기본 골자로 삼되 위의 상품 설명을 참고해 포트폴리오를 확충할 수 있다.

나만의 투자 비결,
'생경주'

앞 장에서 설명한 'Safe Plan'을 다시 한 번 떠올려보자. '레버리지 ETF로 실현한 수익금은 환매해서 적금에 넣거나 생경주에 재투자한다'는 문장이 다시 떠오를 것이다.

초 저금리 시대로 접어들면서 사실상 적금을 투자 상품이라고 보기에는 무리가 따른다. 원금 보장 이상의 의미가 없기 때문이다. 그래서 그 대안으로 내가 만들어낸 개념이 하나 있는데, 바로 생경주다. 생경주란, 생활 속에서 자신이 직접 경험하며 애용하고 있는 회사의 주식을 뜻한다. 주식에 직접 투자하는 것은 자칫 투기와 도박으로 이어질 가능성이 높고, 개미라면 백전백패할 가능성이 크기 때문에 적극적으로 말리는 편이지만, 딱 하나 예외로 두는 경우가 있다. 바로 레버리지 ETF를 통한 수익금을 생경주에 투자할 때다.

일반적으로 우리가 투자할 수 있는 주식의 종류에는 성장주, 가치주, 배당주 이렇게 크게 세 가지가 있다.

성장주는 말 그대로 성장 가능성이 높은 산업군이나 기업의 주식을 말한다. 현재보다는 앞으로의 가능성에 주목하기 때문에 보통 현재의 기업 가치보다 주가가 높게 책정되어 있다.

가치주는 실제 가치보다 평가 절하되어 있는 기업이나 산업군의 주식을 말한다. 가치주에 투자한다는 말은, 실적이나 자산에 비해 현재 가치가 낮게 책정된 기업들을 선별해 투자한다는 뜻이다.

배당주는 담배인삼공사(KT&G)를 떠올리면 이해하기 쉽다. 기업의 수익금을 재투자 비용으로 사용하는 대신, 주주들에게 배당금으로 나누어주는 기업에 투자하는 것을 말한다. 한마디로 배당금을 많이 주는 종목인 셈이다.

하지만 개미들이 이러한 종목에 직접 투자했을 때 승자가 될 수 있을지는 의문이다. 전문적인 교육을 받은 기관과 외국인들은 개미들은 접할 수 없는 알짜배기 정보와 더 많은 총알을 가지고 이 전쟁에 뛰어들기 때문이다.

그런데 생경주라면? 그렇다면 기대해볼 만하다. 나 역시 생경주에 투자해 성공한 경험이 있다.

내가 처음으로 주식에 직접 투자했던 기업은 '메가스터디'였다. 신림동에서 재수생활을 하던 시절, 학원에 다닐 형편이 아니었기에 인강을 활용했다. 학원비보다 저렴한 가격으로, 유명 강사의 강의를 시간과 장소에 구애받지 않고 들을 수 있다는 점이 정말 획기적이었다. 메가스터디의 소비자로서 상품에 크게 만족했고, 계속 그곳을 이용할 예정이었기 때문에 메가스터디의 미래에도 투자하고 싶다는 생각은 시간이 흐를수록 커지기 시작했다.

그 무렵 운 좋게도 메가스터디가 코스닥에 상장했다. 막연하게 메가스터디에 투자하고 싶다는 생각을 실현할 수 있는 기회가 온 것이다.

나는 메가스터디의 주식을 사면서 그 어떠한 지표도 참고하지 않았다. 회사 제품에 순수하게 만족했고, 앞으로도 계속 애용할 게 분명했기 때문에 단순한 소비자로 남는 대신 주주가 돼서 서로 윈-윈(win-win)하고 싶었을 뿐이다.

메가스터디가 상장했을 때 여러 기관들과 외국인들은 이 회사가 1년도 못 버티고 나가떨어질 거라고 예측했다. 그들이 매일 들여다보는 유명 기업들에 비해 메가스터디의 재무제표는 초라하기 짝이 없었던 것이다. 또한 전 세계를 통틀어서 코스닥에 인강 업체가 상장한 사례가 없었기 때문이기도 했다.

그런데 결과는 전혀 달랐다. 나는 메가스터디를 통해 2~3배가 넘는 수익을 올렸다. 그렇지만 결단코 처음부터 그런 수익을 기대하고 투자한 것은 아니었다. 날고 긴다는 전문가들보다 더 뛰어난 안목과 식견, 혜안을 가지고 있었기 때문도 아니었다. 그저 실제 소비자로서 회사의 진정한 가치를 알아봤기 때문이었다. 제품에 대한 만족감이 회사에 대한 믿음으로 이어졌고, 그 직감은 수천 페이지에 달하는 기업보고서보다 훨씬 더 강력했다.

생경주의 철학은 단순하다. 생활을 통해 경험(만족)한 회사의 주식을 사라는 것이다. 내가 스타벅스 커피에 만족하고 앞으로도 계속해서 그 커피를 마실 예정이라면, 단순히 커피숍의 단골로 남기보다 그곳의 주주가 되라는 것이다. 보아가 여느 아이돌 가수와 다른 점은 SM 소속 연예인일 뿐만 아니라 SM엔터테인먼트 기업의 지분을 가지고 있는 주주라는 데 있다.

다른 사람이 만들어놓은 문서(자료나 데이터)는 제아무리 냉철하고 뛰어난 분석을 담고 있다 하더라도, 직접적인 경험을 당해낼 수 없다. 주식에 대해 아무리 잘 알고 있는 투자자라도 SM과 메가스터디를 직접 경험하고 있는 소비자보다 더 확고한 타이밍을 찾을 수는 없을 것이다. 분석은 머릿속에서 이루어지지만 경험은 몸과 마음에서 일어난다. 그것만큼 직관적이고 동물적인 감각은 없다.

스타벅스 커피를 마시고 싶다면 일단 그 기업의 주식을 사자. 이니스프리 화장품에 만족하고 있다면 아모레퍼시픽의 주식을 사자. 그리고 그 주식의 수익금으로 해당 제품을 사자. 이것이야말로 기업-주주-소비자로 연결되는 완벽한 선순환 구조가 아닌가.

내가 메가스터디에 투자해 매일경제 신문의 인터뷰 란을 장식했던 것처럼, 마음만 먹는다면 누구나 그런 기회를 잡을 수 있다. 생경주 투자는 가깝고 또 가까운 법이다.

주가를 평가하는 기본적인 도구: EPS와 PER

주식의 한 주당 순이익이 얼마인지 알아보는 개념이 바로 '주당순이익(EPS: Earnings Per Stocks)'이다. 삼성전자의 주식을 예로 들어보자. 이 기업은 약 1억 4,000만 주(142,969,337주)의 주식을 시장에 발행했고, 17조 6,827억 원의 순이익을 기록했다. 순이익을 총 주식으로 나누면 12만 6,305원이 나온다. 즉 삼성전자 한 주당 연간 12만 6,305원의 이익을 낸다는 뜻이다.

삼성전자의 주가(한 주당 가격)는 현재 140만 원 대이므로 주가를 주당순이익으로 나누면 11.08이라는 수치가 나온다. 삼성전자가 벌어들이는 주당순이익에 비해 주식의 가치가 11.08배나 높게 매겨져 있다는 뜻이다. 이를 '주가수익비율(PER: Price Earning Stock)'이라고 한다.

쉽게 말해서, 주당순이익(12만 6,305원)을 주식의 원가라고 가정한다면, 거기에 중간 마진(미래의 가치를 반영한 투자심리)이 붙어서 현재의 소비자가(약 140만 원 대)가 되는 것이다. 삼성전자 주식의 경우에는 중간 마진이 높아서 소비자가가 원가보다 11.08배나 높다. 삼성전자의 주식을 140만 원 대에 샀다고 해보자. 주당순이익이 12만 6,305원, 즉 한 주당 예상할 수 있는 연간 이익이 12만 6,305원이므로, 11.08년 후에야 이익금이 소비자가를 넘어선다.

이 개념을 이용하면 각종 주식들의 비교 우위를 파악할 수 있다. 예를 들어, 삼성전자 주식과 LG전자 주식 중 어떤 것을 사들일지 고민하고 있다고 해보자. 계산을 쉽게 하기 위해서 두 주식의 주당순이익은 비슷하다고 가정하자. 그렇게 가정했을 때, 삼성전자의 주가수익비율(PER)은 11.08인데 반해, LG전자의 주가수익비율(PER)은 9.11이라고 한다면 당연히 LG전자의 주식을 사는 게 유리하다. 주당순이익은 비슷하지만 가격은 더 싸기 때문이다.

그런데 만약 주당순이익(EPS)이 마이너스라면 어떨까. 나는 그런 기업에는 투자하지 않는다. 주당순이익(EPS)이 마이너스라는 뜻은 그 회사의 영업실적이 마이너스라는 뜻이다. 즉 이익을 올리지 못하고 적자를 내고 있다는 의미다. 경영을 잘 못하고 있다는 얘기도 될 것이다.

만약 어떤 회사에 투자하고 싶다면, 적어도 그 주식의 원가가 얼마이고, 원가에 비해 소비자가가 얼마나 뛰었는지 정도는 알고 있어야 하지 않을까?

EPS와 PER은 아주 기본적인 분석이다. 워렌 버핏은 이 기본적인 분석을 통해서 주식을 사고팔았고, 세계 제일의 부자가 되었다. 주식투자는 이처럼 기본적인 분석을 철저히 해나가는 것에서부터 시작된다.

※ EPS와 PER은 네이버 검색만으로도 손쉽게 파악이 가능하다. 관

심 있는 종목군의 기업명을 네이버에 검색하면 그 기업에 대한 각종 정보와 함께 '증권정보'도 나온다. 이때 해당 기업명을 클릭하면 화면 오른쪽 '투자정보' 아래에 EPS와 PER의 수치가 나오는데, 동일업종 PER도 함께 나오므로 이를 통해 해당 산업의 성장 가능성을 알아볼 수 있다. 해당 산업의 성장 잠재력이 높게 평가될수록 PER의 수치는 올라갈 수밖에 없다. 만약 해당 기업의 PER이 동일업종 PER보다 낮다면 현재 그 기업의 주식이 저평가 되어 있다는 뜻이다. 다만 저평가된 원인이, 사람들에게 덜 알려졌기 때문인지 경영부진 때문인지 등은 뉴스·공시 등을 통해 스스로 판단해볼 문제다.

최강의 재테크 전략:
4-4-2 포메이션

만약 히딩크가 재테크 팀의 감독이었다면 베스트 라인업은 아마 아래처럼 짤 게 분명하다. 장담하건데 아래의 포메이션은 2002년 월드컵 4강의 기적을 이룬 대표팀에 맞먹는 구성이다. 가히 최강의 팀 구성이라 할 만하다.

〈4-4-2 포메이션〉

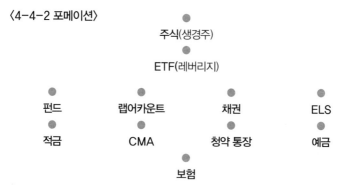

포메이션: 팀의 작전과 전술을 효과적으로 실행하기 위해 짜놓은, 수비·미드필드·공격 진영의 대형.

우선 공격의 최전방을 보자. 공격적인 투자를 책임지기에는 '레버리지 ETF'와 '주식(생경주)'만 한 게 없다. 레버리지 ETF는 최전방에서 공격을 담당하는 스트라이커로서 팀 내 에이스를 자처하고, 생경주는 골 득점을 확실하게 이끌어내는 골게터의 역할을 훌륭히 해낸다.

좌측 라인은 '펀드'와 '적금'이 책임진다. 이들은 소액으로 목돈을 만들어나가는 선수들이다. 펀드가 적극적으로 목돈을 불리는 데 앞장선다면, 적금은 뒤에서 묵묵히 목돈을 쌓는다.

우측 라인은 'ELS'와 '예금'이 담당한다. 이들은 좌측 라인이 열심히 만들어서 쌓아놓은 목돈을 받아, 효율적으로 굴리는 선수들이다. 펀드가 증권사의 적금이라면, ELS는 증권사의 예금 같은 존재다. 따라서 만들어진 목돈을 보다 적극적으로 관리하며 수익을 창출해내는 선수는 ELS다. 예금은 그 옆에서 차곡차곡 이자와 원금을 쌓아나간다.

이제 중원 미드필더를 살펴볼 차례다.

공격형 미드필더로는 랩어카운트*가 빛을 발한다. '신한명품 미래설계 1억랩'은 특히 추천할 만한 선수다. 저금리시대에 맞는 효과적인 자산배분을 구현하는 상품으로, 시장 상황에 맞게 적극적으로 자

---

* 여러 가지 자산운용서비스를 하나로 묶어서 고객의 기호에 따라 제공하는 개인별 자산종합관리계좌

산을 분배하고 안정적인 수익률을 달성한다. 앞서 살펴본 ISA 상품도 랩어카운트로 분류할 수 있다.

수비형 미드필더는 믿고 맡길 수 있는 채권이 담당한다. 채권은 정부나 공공단체, 주식회사 등이 일반 대중들로부터 거액의 자금을 일시에 조달받기 위해 발행하는 증권으로, 일종의 차용증서다. 즉 채권에 투자한 자금을 빌려서 사용하는 대신 투자자들에게 정기적으로 확정이자를 제공하고 만기에는 원금을 되돌려준다. 채권은 정부나 지방기관에서 발행하는 공채와 주식회사 등이 발행하는 사채로 나뉘는데, 공채의 경우에는 안전성도 높고 이자소득과 시세차익에 따른 자본소득도 얻을 수 있다. 채권은 현금화할 수 있기 때문에 자금 유동성도 큰 편이다. 따라서 만기와 수익률을 따져본 후 자금을 운용하는 수단으로 활용할 만하다. 주식과 채권의 경계에 서 있는 전환사채(주식으로 전환할 수 있는 옵션의 채권)를 알아두는 것도 상당히 유용하다.

중원 수비는 'CMA'와 '청약통장'이 맡는다. 이들은 눈부시게 빛나는 스타는 아니지만, 대체할 수 없는 존재감을 지녔다.

CMA는 증권사의 입출금 통장으로, 금리가 0%에 가까운 은행 입출금 통장보다 높은 금리이 수익률로 한때 각광을 받았던 상품이다. 은행 통장에 썩혀 두기 아까운 단기 자금을 운용하는 데 좋다.

청약통장은 '내 집 마련'을 위한 첫 걸음과도 같다. 일정 기간 동안 일정 금액을 주택자금으로 저축하겠다는 약속이다. 즉 새롭게 공급되는 아파트를 분양받으려면 반드시 청약통장을 통해 일정한 자격을 갖추어야 한다. 분양 주택의 종류나 면적에 따라 필요한 예치금 금액이나 저축 기간이 다르지만, 청약가점제 등을 고려하면 가능한 한 오랜 기간 동안 일정 수준 이상의 금액을 저축하는 게 유리하다. 따라서 가급적 일찍 만들어서 매달 10만 원씩 불입하는 게 가장 이상적이다. 청약종합통장의 경우 월 50만 원까지 불입하는 게 가능하지만 그렇게 많은 금액을 넣을 필요는 없다. 아파트 청약자격 요건을 갖추는 것을 목표로 삼아 관리하면 된다.

생애 첫 아파트를 청약할 때는 민간건설 부문보다는 SH공사(서울시)나 LH공사와 같은 정부에서 공급하는 아파트에 청약하는 게 좋다. 주변 시세보다 80% 정도 저렴하게 공급되기 때문이다. 즉 같은 평수라도 민간건설 아파트보다 약 20% 싸게 구입할 수 있다. 3~4년이 지나 프리미엄이 붙게 되면 최소 2억~3억 원 이상의 시세 차익을 실현하는 것도 가능해진다.

따라서 SH공사나 LH공사 홈페이지에 수시로 들어가 분양 공급계획을 살펴보는 게 중요하다. 분양모집을 문자로 알려주는 분양공고 알리미를 신청해두는 것도 좋다. 신혼부부나 생애 최초로 내 집을 마련하는 사람들, 다자녀 가구를 위한 특별 공급도 있으니 잘 살펴보길 바란다.

또한 일반공급이라도 부양가족이 많은 경우나 아이가 있는 신혼 부부의 경우 가산점이 있으니 인기 지역의 아파트를 청약할 때는 그런 요건들을 염두에 두는 게 좋다.

청약통장의 장점은 이뿐만이 아니다. 아파트 청약에 당첨되면 청약통장을 해지하게 되는데, 이때 적금처럼 원금과 이자를 다시 돌려받을 수 있다. 게다가 시중은행 적금 이자보다 최소 1~2% 이상 이자율이 높기 때문에 적금 상품으로서의 가치도 상당하다.

마지막으로 골문을 지키는 골키퍼를 살펴보자. 골키퍼로는 보험 상품이 최적이다. 다만 한 가지 주의할 것은, 공격에 욕심 있는 선수보다는 안정되고 듬직하게 골문을 지키는 선수를 등용해야 한다는 사실이다. 수많은 보험 상품 중에서 골키퍼 본연의 임무에 충실한 선수를 선택해야 한다.

보험은 투자 상품이 아니다. 언제 어느 때 맞닥뜨릴지 모를 위험에 대비하기 위한 것이다.

따라서 연금보험·저축보험·변액보험 같은 저축성 보험 대신 의료실비보험·암보험·종신보험·정기보험 같은 보장성 보험을 선택해야 한다. 추가불입 기능이 있는 상품이라면 일단 적은 액수로 가입해놓고 나중에 여유가 생겼을 때 돈을 더 납입하는 것도 한 가지

방법이다. 추가불입금에 대해서는 수수료 명목의 사업비도 떼지 않으니 고객으로서는 더 유리하다고 볼 수 있다.

[예시]

-의료실비보험: 병원에서 지출한 실제 본인 부담금의 90%까지 보장해준다.

-CI보험: 중대질병(암 · 뇌졸중 · 급성심근경색 등 중대한 질병)을 보장해준다.

참고로 변액유니버셜보험은 보험사에서 파는 펀드라고 생각하면 된다. 증권사 펀드 수수료가 평균 2.5% 정도인데 반해 변액유니버셜보험은 사업비 명목으로 최소 10% 이상의 수수료를 떼 간다. 펀드에 비해서 4배 이상 비싸고 ETF에 비해서는 20배 이상 비싸다. 게다가 10년 이상 묶어놓아야 하고 일부분을 펀드에 다시 투자하는 재간접펀드 구조로 되어 있기 때문에 수익률이 낮을 수밖에 없다. 따라서 변액유니버셜보험에 투자하고 싶다면 차라리 펀드나 레버리지 ETF에 투자하는 게 훨씬 더 효과적이다.

각종 상품들의 특징과 활용법

	특징	활용
생경주	골 결정력이 높은 확실한 골게터로서 수익 실현에 화룡점정을 찍는다.	레버리지 ETF에서 실현한 수익금을 투자해 복리로 활용한다.
레버리지 ETF	두말 할 필요 없는 팀의 에이스. 목돈을 마련하는 데 가장 유용한 가히 혁명적인 상품	제1항목으로 정해서 우선적으로 운영한다.
랩어카운트	펀드와 랩어카운트가 결합된 것이 지금의 ISA통장이다.	레버리지 ETF를 활용하기 부담스럽다면 ISA 통장을 활용하는 방법이 있다.
채권	발행주체가 망하지 않는 한 이자가 꼬박꼬박 들어오고 만기가 되면 원금을 돌려준다. 주식에 비해 상대적으로 안전하다.	금리가 높아지면 채권 가격이 떨어지고, 금리가 낮아지면 채권 가격은 오른다. 지금처럼 저금리 상황이 계속될 경우 채권을 통해 시세 차익을 노릴 수 있다.
청약통장	내 집 마련을 위한 필수품. 시중 적금보다 이자가 높아 유용하다.	청약통장은 깨지 않고 길게 가지고 있는 게 유리하다. 급하게 돈이 필요할 때 청약담보대출로 활용할 수도 있다. 저축 금액의 95%까지 대출이 가능하다. 또한 가산금리가 청약통장저축 이자율+1~2% 정도에 불과하니, 결과적으로 대출 이자율은 1~2% 정도인 셈이다.
펀드 & 적금	목돈을 만드는 상품이다. 적금 이자율보다 2~3배 높은 수익률을 올리고 싶다면 펀드를 활용하는 게 좋다. 단 그에 따른 손실의 위험은 감수해야 한다.	자금의 성격에 따라 활용 가능하다.
ELS & 예금	목돈을 굴리는 상품이다. 예금 이자율보다 2~3배 높은 수익률을 올리고 싶다면 ELS를 활용하자. 단 그에 따른 손실의 위험은 감수해야 한다.	자금의 성격에 따라 활용 가능하다.
CMA	1년 이상 묶어 놓을 수 없는 자금이나 수시로 입출금이 발생하지만 은행 통장에만 쌓아놓기 아까운 경우에 활용할 만하나. RP(환매조건부채권)나 MMF(머니마켓펀드) 등을 통해 약간의 이자가 붙는다.	생활비가 중단될 경우를 대비해 3~6개월 치 생활비에 해당하는 비상금을 넣어두면 좋다.
보험	위험에 대비하는 차원에서 가입한다.	골키퍼 본연의 임무를 성실히 수행하는 보장성 보험 상품에 가입한다.

앞에서 소개한 포메이션 전략을 이용하면 모든 선수들의 공격과 수비가 매끄럽게 돌아가고, 선수들 또한 각각의 위치에서 최상의 실력을 발휘하게 될 것이다.

나는 이 팀의 승리를 의심치 않는다. 부디 이 전략을 실전에서 사용해보길 바란다.

청약통장 활용법 플러스

우리 가족 역시 아버지 명의로 된 청약통장을 활용해 집을 구입했다. 13년 동안 전월세를 전전하던 생활에 마침내 종지부를 찍게 된 것이다.

LH에서 공급하는 미사강변도시 18단지 아파트. 분양가는 3억 3,000만 원이었고, 현재 시가는 약 5억 5,000만 원에 달한다. 결론적으로 2억 2,000만 원의 시세 차익을 거둔 셈이다. 만약 청약통장으로 같은 평수의 민간분양 아파트에 도전했다면, 분양가가 못해도 4억 원은 넘었을 것이다. 민간분양 아파트보다 저렴한 공공분양 아파트에 도전했기 때문에 더 높은 시세 차익을 거둘 수 있었던 것이다.

게다가 2018년~2020년에는 강일역과 미사역이 들어설 예정이다. 역세권이라는 장점과 더불어 주변 인프라가 확충되면 지금보다 20% 정도 더 프리미엄이 붙을 것으로 예상된다. 이 시나리오의 가장 이상적인 결말은 가격이 약 6억 6,000만 원을 넘어갈 때 이 집을 되파는 것이다.

모든 것이 서울에 집중돼 있는 대한민국에서라면 서울에 있는 아파트를 사는 게 가장 확실한 부동산 재테크다. 하지만 그게 여의치 않을 때는 서울로 통학이나 출퇴근이 가능한 인근 지역을 살펴봐야 한다. 전월세 대란으로 인해 젊은 수요자 층이 위례 신도시나 미사강변도시 같은 서울 근접 도시로 빠지고 있기 때문이다.

일단 서울시 도시개발공사를 담당하고 있는 SH공사의 공공주택분양계획을 우선적으로 살펴보고 청약 일정에 맞춰 기회가 닿는 대로 도전해볼 것을 권한다. 서울시를 제외한 전국의 주택공급을 담당하고 있는 LH공사의 공급계획을 살필 때는, 서울시 인근 지역의 물량에 관심을 갖는 게 좋다.

예를 들어, 5억 원 가량 하는 $84m^2$의 아파트를 4억 원 정도에 분양받는다고 하면 이미 입주하면서부터 시세보다 1억 원 정도를 번 셈이 된다. 또한 몇 년간 거주하면서 차후의 프리미엄 fee를 기대해볼 수도 있다.

만약 지금 최소 1억 원 이상의 자금을 가지고 있고, 분양받고자 하는 아파트가 시세보다 싸며, 지역발전계획을 봤을 때 몇 년 후 프리미엄 fee가 붙을 것으로 예상된다면 부족한 금액은 은행권 부동산 담보 대출을 통해 집을 사는 게 장기적으로 봤을 때 더 이득이다.

이런 공공분양은 아무리 돈이 많아도 당첨이 불가능하다. 기본적으로 내 집이 없는 무주택 세대주에게만 자격이 주어지기 때문이다. 집이 여러 개인 사람들은 어쩔 수 없이 민간분양을 받아야 한다.

만약 청약가점제로 당첨을 노린다면 3가지 사항을 염두에 두고 있어야 한다.

일단 청약통장 가입기간이 10년은 넘어야 경쟁력이 생긴다. 10년 동안 보유했을 경우, 청약가점제에서 12점을 받는다. 15년 이상 가지고 있었다면 17점 만점을 받을 수 있다. 즉 매달 10만 원씩 넣는다고 가정했을 때 저축 금액이 1,200만 원은 넘어야 당첨을 노려볼 수 있다는 뜻이다.

무주택 기간도 고려해야 한다. 이 역시 10년은 넘어야 경쟁률이 생긴다. 무주택 기간은 배점이 크다. 10년 이상 보유한 주택이 없었다면 22점을 받을 수 있고, 15년 이상이라면 32점 만점을 받을 수 있다. 참고로 미혼자라면 만 30세부터 무주택 기간으로 인정된다. 만 30세 이전에 결혼했다면, 혼인신고를 한 날부터 무주택 기간으로 인정된다. 마지막 항목은 부양가족수다. 배우자 1명, 자녀가 2명일 때는 20점을 받는다. 6명 이상이면 35점 만점을 받는다.

만 19세 전에 청약통장을 개설한 경우에는 최대 2년 동안 24회까지만 납입을 인정해준다. 만약 이 혜택까지 챙기고 싶다면 고등학교에 진학하는 만 17세부터 청약통장을 개설해 관리하면 된다. 만약 그게 어렵다면 최소한 20살에는 청약통장에 가입해 (미혼이라고 가정했을 때) 만 33세부터 공공분양 아파트에 청약을 넣어보는 게 좋다. 낭첨이 안 뇌노 청약통상의 료과는 유효하니 손해 볼 것은 없다.

〈청약 가점제 조건〉

	공공분양	민간분양		
방식	순차제 100%	추첨제 60%	가점제 40%	
설명	무주택 기간 3년 이상, 청약통장에 납입한 저축 총액이 많은 순으로 당첨	말 그대로 제비뽑기	무주택 기간(32점), 부양가족수(35점), 청약통장 가입기간(17점) 총점 84점 중 점수가 높은 순으로 당첨자를 선정하는 제도	
조건	최소조건: 무주택 기간 3년 이상, 만 30세 이후부터 가능. 즉 만 33세부터 청약이 가능하다. 단, 만 30세 이전에 결혼을 했다면 혼인신고를 한 날부터 무주택기간으로 인정된다. 충분조건: 공공주택을 분양받기 위해서는 저축 총액이 많아야 한다. 단, 월 납입액은 10만원 까지만 인정된다. 즉 10만원씩 오래 불입한 사람일수록 당첨 가능성이 높다.	복불복	무주택 기간 (32점)	유주택자 / 만 30세 미만의 미혼인 무주택자	0점
				만 1년 미만	2점
				만 1년 이상 ~2년 미만	4점
				:	:
				만 15년 이상	32점
			부양 가족수 (35점)	0명	5점
				1명	10점
				2명	15점
				:	:
				6명 이상	35점
			청약통장 가입기간 (17점)	만 6개월 미만	1점
				만 6개월 이상 ~1년 미만	2점
				만 1년 이상 ~2년 미만	3점
				:	:
				만 15년 이상	17점

만약 당첨이 돼서 청약통장을 해지했다면, 새로운 청약통장에 다시 가입해보는 것도 괜찮다. 가입 후 1년 후에는 다시 1순위가 되므로 민간분양 아파트에 도전해볼 수 있기 때문이다. 물론 집이 있기 때문에 가점제 경쟁력은 없지만 추첨제로 당첨될 확률은 여전히 남아 있다. 만약 운 좋게 당첨된다면 기존의 아파트를 팔고 (공공분양 아파트의 경우 전매제한 기간은 보통 3년이다) 새 아파트로 이사하는 행운을 누릴 수 있다.

덧붙이자면 내 집 마련을 위해서라도 20대부터 올바른 재테크를 시작해 1억 원의 종잣돈을 마련해놓기를 권한다.

① 돈 공부를 통한 재테크로 1억 원 이상의 금융자산을 형성한다. → ② 공공분양 아파트를 청약한다. → ③ 나머지 자금은 금융권의 부동산 담보 대출로 융통한다. → ④ 내 집을 갖는다.

부동산 담보 대출의 이자율은 2~3%로 일반 대출 이자율보다 낮다. 게다가 장기대출이므로 갚아나갈 수 있는 기간이 충분하고, 원금과 이자를 함께 갚아나가기 때문에 시간이 지남에 따라 빚은 줄어들고 자산은 늘어난다.

만약 원금을 다 갚지 못했다 하더라도 시세 차익이 있기 때문에 부동산을 처분해 대출을 갚고도 어느 정도의 수익을 챙길 수 있다. 즉 3년~5년 동안 거주하고 부동산을 처분해 나머지 원금을 갚더라도 1~3억 원 내외의 시세차익을 기대할 수 있다.

나 역시 2007년부터 청약통장에 가입해 9년 동안 총 107회 납부했고, 그동안 위례신도시 등 틈틈이 청약에 도전했다. 물론 앞으로도 꾸준히 도전할 생각이다.

큰 자산이 없는 사람들이 도전하기에 가장 효과적인 부동산 재테크는 바로 공공분양 아파트 청약이다. 부동산 재테크는 바로 그것에서부터 시작되어야 한다. 위의 방법을 머릿속에 그려넣고 직접 실행해보자. 전월세 대란의 시대에 내 집 없는 서러움에서 탈출할 수 있을 것이다.

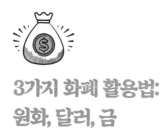

3가지 화폐 활용법:
원화, 달러, 금

이쯤에서 한번 장밋빛 미래를 그려보자.

당신은 앞서 설명한 투자 상품들을 활용해 5년 동안 스스로의 힘으로 1억 원을 모으는 데 성공했다! 뿌듯하기 그지없다. 칭찬이 자자하다. 그런데 잠시 후 또 다른 고민이 시작된다.

'이제 이 돈을 어떻게 관리하면 좋지?'

물론 1억 원을 모았을 때처럼 동일한 방식으로 계속 투자해도 상관없다. 하지만 기회만 된다면 다양한 정보를 알고 있는 게 더 유리할 것이다. 따라서 이 장에서는 원화와 달러, 금을 이용해서 종잣돈을 관리하는 방법을 알아보고자 한다.

나는 이것을 '3가지 화폐를 이용한 종잣돈 관리'라고 부른다.

일단 1억 원의 종잣돈이 있다고 가정해보자. 이 중 6,000만 원은 원화(부동산, 펀드, 주식, 채권 등)에 투자하고 2,000만 원은 달러 자산으로 보유하고 나머지 2,000만 원은 금에 투자하면 3가지 화폐를 이용해서 자산을 관리할 수 있게 된다.

이때 매년 한 번씩 이 포트폴리오 비율을 처음처럼 조정해야 한다. 즉 원화 자산이 오르고 달러 자산이 떨어져 7:1:2의 비중이 됐다면 원화 자산에서 발생한 수익금을 달러에 투자해서 다시 6:2:2의 비중으로 맞추어야 한다.

이 방법을 이용하면 해가 지날수록 자산이 눈덩이처럼 불어날 것이다. 엄청난 노력을 기울이지 않아도 점차 1억이 10억 되고, 10억이 100억 되는 마법을 경험하게 될 거라고 믿는다.

원화 : 달러 : 금 → 6 : 2 : 2

그런데 왜 하필 원화와 달러와 금일까? 일단 대한민국에 살고 있는 사람이라면 당연히 이 나라에서 통용되는 화폐 자산을 가지고 있어야 한다.

그럼 달러가 중요한 이유는 무엇일까? 미국이 전 세계에서 유일하게 모라토리엄(moratorium, 국가파산)이 없는 국가이기 때문이다. 전 세계에서 통용되는 화폐, 즉 달러를 찍어 내는 발권 국가이기 때문이다. 바로 이런 배경 때문에 달러가 미국보다 강하다는 우스갯소리가 나온 것이다.

금이 중요한 이유는, 달러를 대체할 수 있는 실물화폐의 성격을 띠고 있기 때문이다. 즉 달러와 금의 관계는 상호보완적이다. 그렇기 때문에 달러 환율이 내려가면 금값이 올라가고, 달러 환율이 올라가면 금값은 떨어진다. 채권과 금리의 관계와 비슷하다. 물론 금과 달러의 관계에는 그밖에도 여러 가지 변수가 작용하지만 그 부분은 우리의 통제권 밖이니 일단 접어두자. 우리는 오로지 달러와 금값이 반비례한다는 것만 기억하면 된다.

금이 대세라는 말에 귀가 팔랑거릴 필요는 없다. 남들이 좋다고 말할 때 투자하는 것은 버스 지나간 후 손 흔드는 것과 다름없다. 물고기를 잡으려면 좋은 위치를 선점해 미리 그물을 쳐놓아야 한다.

내가 화폐 투자를 권하는 것은, 결코 그 상품들이 대세여서가 아니다. 환헤지*를 염두에 두면서 투자를 운용하기 위해서다. 그러니 "원화-달러-금을 6:2:2로 투자한다"만 머릿속에 넣어두자.

이 법칙에 따라서 1억 원 이상의 자산을 원화와 달러, 금이라는 3가지 화폐에 투자해 매해마다 다시 비중을 조정해나간다면, 어느덧 복리 시스템을 규모 있게 운영하는 어엿한 자산가로 거듭나게 될 것

---

* 환율 변동에 따른 환차손 위험에 대비하는 것

이다.

지금부터는 실제로 달러와 금에 투자하고 싶은 사람들을 위해 나만의 '천기누설 포트폴리오'를 소개하려고 한다. 지금까지 어떤 전문가나 책에서도 알려주지 않은 알짜배기 정보들이다.

천기누설 포트폴리오

① 달러 투자: 신한은행 글로벌 FNA 외화예금→베트남ETF

우선 신한은행의 '글로벌 FNA 외화예금' 상품에 가입하도록 한다. 이 상품은, 신한은행의 외화예금 계좌에 굿모닝신한증권의 해외주식매매 기능을 결합한 것으로, 자금 정산이 용이하고 입출금이 자유로운 외화예금 상품이다. 이 상품에 가입하면 제휴 증권사의 해외주식 거래계좌가 자동으로 개설되기 때문에 따로 증권계좌를 만들지 않고도 바로 홈트레이딩시스템을 통해 직접 해외주식을 거래할 수 있다. 게다가 주식을 매매할 때도 별도의 환전 절차가 필요 없다. 외국인이 한국증시를 이용하는 것처럼 우리도 외국주식 시장을 이용할 수 있는 것이다.

이 상품을 이용해 뉴욕증권거래소에 상장된 베트남 ETF인 Market Vectors Vietnam ETF(종목코드: VNM)를 사도록 한다. 즉 달러로 바꾼 자산을 그대로 외화예금 계좌에 보유하는 대신 그 돈으로 베트남 ETF에 투자하는 것이다. 지금 베트남에 투자하는 것은, 경제가 막 발전하기 시작하는 20년 전의 한국에 투자하는 것과 비슷하다. 여기에 최상의 시나리오를 대입해보자면 다음과 같다. 이해를 돕기 위해 모든 수치는 가상으로 설정했다.

1달러가 1,000원일 때 1만 달러(1,000만 원)를 외화예금 계좌를 통해 사들인다. 그리고 이 1만 달러를 베트남 ETF에 투자한다. 30%의 수익률(1만→1만 3,000달러)을 달성할 때까지 기다렸다가 되판다. 그러고 나면 내 외화예금 계좌로 1만 3,000달러가 입금될 것이다(예금 계좌이기 때문에 여기에 약간의 예금이자까지 붙는다). 그리고 1달러가 1,000원을 넘어갈 때, 이상적으로는 1,500원 정도일 때 계좌에 들어 있는 달러를 원화로 바꾼다. 그러면 순식간에 1,950만 원(1만 3,000달러×1,500원)이라는 자산을 갖게 된다. 1,000만 원이 1,950만 원으로 바뀌는 마법을 직접 경험하게 되는 것이다.

여기서 중요한 것은, 목표 수익률을 정한 다음 달러 환율이 낮을 때 사서 환율이 높아질 때 판다는 기본 원칙을 지키는 것이다. 그 원칙을 지키면서 상황에 맞게 운용의 묘를 살리는 게 관건이다.

② 금 투자: 한국거래소 KRX금시장

금에 투자하는 방법은 크게 실물투자와 펀드투자로 나뉜다. 그런데 금은 실물화폐로써 가치가 있기 때문에 금 펀드에 투자하는 것은 큰 의미가 없다. 그래서 여기서는 실물투자에 대해서만 알아보도록 한다. 실제로 금을 소유하는 것을 실물투자라 하는데 은행에서 골드바를 직접 살 수도 있고, 골드뱅킹이나 KRX금시장을 통해 계좌 거래를 할 수도 있다. 장단점은 아래에 나와 있다.

	거래수수료	부가세	수익차액과세	기타
골드바	5%	10%	×	
골드뱅킹	1~5%	10%	배당소득세 15.4%	금융소득종합과세에 포함
KRX 금시장	온라인 0.2% 오프라인 0.5%	금을 찾을 때 10%	×	

대부분의 사람들이 골드바를 구입하거나 골드뱅킹 거래를 선호하는데 반해 나는 KRX금시장을 추천하고 싶다.

일단 골드바는 구입할 때 부가가치세 10%가 붙고, 사고팔 때 거래 수수료 5%를 내야 한다. 수수료만 해도 엄청나다. 결국 금값이 올랐다 해도 수수료를 떼고 나면 막상 내 수중에 떨어지는 돈은 얼마 되지 않는다.

골드뱅킹은 쉽게 말해 금 통장이다. 시중 몇몇의 은행에서 개설할 수 있고, 금 시세에 해당하는 현금을 내고 통장에 금을 예치하는 상품이다. 현금처럼 금을 자유롭게 입출금할 수 있다는 장점이 있지만 골드바에 투자할 때처럼 금을 살 때 부가세 10%가 붙고 사고팔 때 거래 수수료를 5%까지 낸다. 심지어 매매 차익에 대해서는 15.4%의 세금이 붙고, 금융소득종합과세 항목에 수익금이 포함되므로 소득이 크다면 과세에 대한 부담을 짊어져야 한다.

하지만 KRX금시장(http://open.krx.co.kr)을 통해서라면 저렴하게 금을 사고팔 수 있다. 주식처럼 증권사 홈트레이딩시스템(HTS)이나 전화주문을 통해서 사고파는 게 가능하기 때문이다. 특히 온라인을 이용하면 거래수수료가 0.2% 밖에 되지 않는다. ETF보다도 수수료가 낮다. 게다가 주식처럼 온라인에서 실시간으로 수익률을 조회할 수 있기 때문에 원하는 수익률을 달성했을 때 팔기만 하면 된다.

물론 내가 사들인 금을 실물로 찾아가고 싶다면 따로 10%의 부가세를 내야 하지만, 그런 욕구가 없다면 0.2%의 거래수수료만 지불하면 되니 가장 추천할 만한 방법이다.

3가지 화폐 실제 투자 사례

6월 23일은 브랙시트가 발발한 날이다.

영국은 유럽연합에 잔류할 것인가 탈퇴할 것인가를 놓고 국민 투표를 진행했다. 그리고 근소한 차이로 '유럽연합을 탈퇴한다'는 결론이 내려졌다. 그러자 전 세계 경제시장은 요동치기 시작했고, 영국 화폐인 파운드의 가치는 급격히 떨어지기 시작했다.

파운드가 흔들리자 갑자기 오르기 시작한 것은 엔화와 금값이었다. 파운드에 투자했던 자산이 그쪽으로 이동했기 때문이다.

그때 지인이 와서 물었다. 금값이 올랐는데 금을 사야 하냐고. 그때 난 이렇게 말했다.

"난 금값이 올라서 금을 팔았는데?"

다음은 브랙시트가 발발한 후에 나왔던 기사들이다. 난 이 기사들을 보고서 금값이 최고치를 찍었다고 판단했고, 지금이야말로 그동안 투자해왔던 3가지 화폐의 비율을 재조정할 때라고 생각했다. 그래서 6월 27일 금값이 5만 원을 돌파했을 때, 금을 매도해서 수익을 실현했다.

다른 사람들이 모두 금으로 몰려들 때, 나는 썰물처럼 빠져나갔다.

〈6월 23일 이후의 기사〉

[브렉시트 쇼크]금 5만원 돌파.. 예금금리 3배 넘는 고배당주 있다면
MTN | 1일 전
◇ 역대 최초 금 1g당 5만 원 상회..금 테마주도 인기한국거래소에 따르면 지난 27일 금은 1g 당 거래가격이 역대 최초로 5만원을 넘어선 5만200원을 기록했다. 이는 금 시장을 개설한 2014년 3월 이후 처음이다. 이날 KRX...

브렉시트 후폭풍…금 1g, 5만 원 첫 돌파   KBS 뉴스 | 2일 전 | 네이버뉴스
<앵커 멘트> 안전 자산을 선호하는 심리가 강화되면서 금 1g의 가격이 거래소가 개설된 이후 처음으로 5만 원을 넘어섰습니다. 생활경제 소식, 김영인 기자입니다. <리포트> 어제 한국거래소 금시장에서 금 1g의...

'브렉시트' 여파 KRX 금시세 개설 후 처음으로 5만 원 돌파… 금·달러 강세 ...
경인일보 | 2일 전
금 시세가 1g당 5만원을 넘은 것은 2014년 3월 KRX금시장이 문을 연 이래로 처음이다. 금 시장은 개장과 동시에 개인 매수세가 유입되며 전 거래일보다 1.1% 상승한 1g당 4만9천980원에 거래가 시작됐다. 앞서 지난...
　ㄴ 브렉시트 이후, 거래소 금시세 '5만…   MBN | 2일 전 | 네이버뉴스
　ㄴ 브렉시트 후폭풍…거래소 금시세 5…   매일일보 | 2일 전
관련뉴스 전체보기>

브렉시트 후폭풍, 금값 상승세 역대최고…금시세 1g 5만원 돌파
한국경제TV | 2일 전 | 네이버뉴스
금 시세가 1g당 5만원을 넘은 것은 2014년 3월 KRX금시장이 문을 연 이후 처음이다. 금시장은 이날 개장과 동시에 개인 매수세가 유입되며 전 거래일보다 1.1% 상승한 1g당 4만9.980원에 거래가 시작됐다. 지난 24일...
　ㄴ 금값 1g당 5만 원 돌파   국제신문 | 2일 전
　ㄴ 브렉시트 여파 '금값'된 金… g당 5만…   영남일보 | 2일 전

〈6월 30일 주가〉

주식시장은 불확실성을 싫어하기 때문에 브렉시트 사태가 발발하자마자 우리나라 코스피는 큰 폭으로 하락했다. 하지만 외부 충격으로 인한 단기 악재였기 때문에 기술적 반등*이 나올 수밖에 없는 상황이었다. 이런 흐름을 읽을 수 없었다 하더라도, 나는 'KODEX 레버리지'에 투자하는 것을 망설이지 않았을 것이다. 금으로 실현한 수익금이 있었기 때문에 3가지 화폐의 비율을 재조정해야 했고, 원금이 아닌 수익금으로 투자하는 것이기 때문에 부담도 없었기 때문이다. 게다가 '값이 떨어졌을 때 사라'는 기본 원칙에도 맞아 떨어지는 타이밍이었다.

6월 27일 9,500원 밑으로 떨어졌던 'KODEX 레버리지' 주가는 3일 후 9,900원을 선을 돌파했다.

내가 브렉시트 사건을 예견했기 때문에 투자에 성공한 것일까? 아니다.

3일 후에 코스피 지수가 반등할 것이라고 확신했기 때문에 투자에 망설임이 없었을까? 아니다. 설령 단기 악재가 지속되어 3일 후에 지수가 더 떨어졌다 하더라도 나는 주저하지 않고 추가로 여윳돈을 넣었을 것이다.

---

* 주가가 오를 것이라는 투자자의 심리가 가미된 현상으로, 증시의 하향세 기간 중에 나타나는 일시적인 가격 상승

앞에 물고기가 보인다고 달려들어 봤자 미끄럽고 날쌘 그것을 맨 손으로 잡기란 힘든 일이다. 물고기를 잡겠다고 마음먹었다면 일단 좋은 위치를 선점해 미리 그물을 쳐놓아야 한다. 금값이 최고치에 올랐을 때 금을 샀다면 그 후에는 떨어질 일만 남았다. 손실은 불 보듯 뻔하다.

나는 자산을 재조정하는 차원에서 3가지 화폐에 꾸준히 투자해왔고, 그 과정에서 브렉시트가 발발했고, 그래서 상황에 맞게 대응했을 뿐이다. 그런데 그 일주일이 채 안 되는 기간 동안 한 달 봉급에 가까운 보너스가 내 손에 들어왔다.

욕심 내지 않고, 대박에 휩쓸리지 않고, 원칙에 맞게 꾸준히 투자를 관리하다 보면 기회는 항상 오기 마련이다. 누군가는 브렉시트가 뭔지도 모를 때, 준비된 사람들은 자산을 증식하는 기회로 삼을 것이다.

부자로 살기 위해
꼭 알아야 할 돈의 법칙

"자신을 움직이는 자가 세계를 움직일 것이다."

− 소크라테스 (Socrates, 철학자) −

우리가 몰랐던
자본주의

자본주의는 지금까지의 경제구조에서 가장 성공한 형태다. 우리는 그 속에서 별 생각 없이 살아가고 있지만, 자본주의에 휘둘리지 않고 주체적으로 살아가기 위해서는 그것의 속내를 한번 면밀히 들여다볼 필요가 있다. '자본주의'란, 말 그대로 '자본'이 기준이 되는 세상이다. 즉 자본주의를 파악한다는 말은, 사회의 '돈'이 어떻게 돌고 도는지 파악한다는 말과 같다.

그렇다면 이쯤에서 오래된 의문을 한번 던져보자.

'왜 물가는 계속 오르기만 할까?'

자장면 값만 해도 50년 동안 무려 300배나 올랐다. 막연히 잘 살게 됐으니 물가도 따라서 오르는 것이라고 생각한다면 크나큰 오산

151

이다.

물가가 자꾸 오르는 이유는 돈의 양이 늘어났기 때문이다. 시중에 돌아다니는 돈, 즉 통화량이 많아졌기 때문이다. 돈의 양이 많아지면 화폐 가치는 당연히 떨어진다. 예전에는 100원으로 자장면 한 그릇을 사먹을 수 있었지만, 이제는 100원으로는 껌 하나도 못 사먹는다.

그럼 이쯤에서 또 다른 의문이 고개를 처들 것이다.

'그럼 그 많은 돈은 도대체 다 어디에 있는 것일까?'

돈이라고 할 때 대부분의 사람들은 조폐공사에서 찍어낸 지폐나 동전을 맨 먼저 떠올리겠지만, 사실상 대부분의 돈은 눈에 보이지 않는다. 그리고 그것들의 대부분은 은행의 손 위에서 만들어진다.

이 말을 이해하기 위해서는 먼저 은행이 어떻게 '없는 돈'을 만들어내는지 알아야 한다. 예를 들어, 사람들이 100억 원의 예금을 A 은행에 맡겼다고 해보자. A 은행은 이 중 10억 원을 남겨놓고, 나머지 90억 원을 다른 기업이나 고객들, 기관에게 대출해준다. 예금주들이 한꺼번에 몰려와 일시에 모든 돈을 찾지 않는다는 전제가 있기에 가능한 일이다. 예금을 찾는 비율이 약 10%라고 한다면, 그 통계에 의지해서 100억 중 10억만 부분지급준비금(예금을 찾으러 오는 사람들에게 돌려줄 돈)으로 마련해놓고, 실제로는 있지도 않은 돈을 빌려주고 이자를 받는 것이다.

그렇기 때문에 돈을 맡긴 사람들이 동시에 돈을 출금하기 시작하면 뱅크런(Bank Run) 현상이 일어나 은행은 파산하게 되어 있다.

이렇듯 은행은 예금과 대출을 반복하면서 통화량을 늘릴 수 있다. 이 과정을 더 쉽게 이해하기 위해서 좀 더 단순한 수식을 대입해보자. A 은행이, 예금 1억 원 가운데 1천만 원을 지급준비금으로 남겨 놓고 나머지 9천만 원을 대출해줬다고 해보자. 이제 시중에 유통되는 통화량(예금과 현금)은 1억 9천만 원으로 불어난다. 사실상 고객에게 다시 돌려줘야 할 돈의 일부를 대출금으로 돌린 것이기 때문에 실제 돈의 양은 그대로 1억 원이지만, 장부상으로는 고객의 예금통장에 찍힌 1억 원과 빌려준 돈 9천 만 원이 따로 기재되기 때문에 갑자기 통화량이 1억 9천 만 원이 되는 것이다. 중앙은행이 발행한 1억 원(본원통화)에 덧붙여서 시중은행이 9천만 원의 예금통화(실제로는 없는 돈)를 창출해낸 것이다.

이러한 은행의 숫자놀이는 단 한 번으로 끝나는 게 아니다. 9천만 원을 대출받은 사람이 그 돈을 공사비용에 썼다고 해보자. 인테리어 업자는 공사대금으로 받은 9천만 원을 자신이 거래하는 B 은행에 다시 넣는다. 9천만 원의 예금을 받은 B 은행은 지급준비금 9백만 원을 제외한 나머지 8,100만 원을 또 다른 누군가에게 대출해준다.

이제 시중의 통화량은 2억 7천 1백 만 원[=(1억원) + (1억원 x (1-0.1)) + (1억원 x (1-0.1)(1-0.1))]으로 증가한다.

은행에 의한 추가적인 통화 창출은 절대 끝나지 않는다. 우리나라의 현재 평균 지급준비율은 3.5% 내외다. 이를 5,000억 원에 대입해 위와 같이 계산해보면, 실제로는 존재하지도 않는 돈 6조 60억 원이 생겨난다.

이렇듯 금융시스템이 만들어내는 돈은 눈에 보이지 않는다. 단지 컴퓨터 화면에 입력된 숫자로만 존재할 뿐이다. 예전에는 현금이 있어야만 물건을 살 수 있었다. 1,000원짜리 떡볶이를 먹으려면 실제로 1,000원짜리 지폐를 내야만 했다. 하지만 지금은 전산화된 숫자로 모든 것을 살 수 있다. 1,000원짜리 떡볶이를 먹고 싶다고 해서 꼭 1,000원짜리 지폐를 찾아야 하는 것은 아니다. 체크카드를 사용하든 신용카드를 사용하든 전산 상의 숫자로 먹고 싶은 것은 뭐든지 살 수 있다. 그리고 은행은 그 숫자놀이를 통해 있지도 않은 돈을 끊임없이 창출해내고 있는 것이다.

만약 누군가가 지속적으로 당신의 주머니에서 돈을 훔쳐갔다는 걸 알게 된다면 어떻게 하겠는가. 아마 화를 참지 못하고, 그동안 빼앗겼던 돈을 되찾기 위해 고군분투할 것이다. 그런데 알고 봤더니 그

도둑이 은행이라고 하는 금융자본이라면? 그렇다면 이제 당신은 무엇을 하겠는가.

은행의 속내는 이렇다.

"진짜 지폐를 가지고 있을 필요는 없다. 물론 원하면 그 즉시 내주겠지만."

현재 금융시스템을 지배하는 것은 바로 '빚 보전 법칙'이다. 은행은 예금이자와 대출이자의 차익을 주 수입원으로 삼기 때문에 자꾸만 사람들에게 빚을 권한다. 그럴수록 통화 시스템은 자꾸만 부풀려지고 돈의 가치는 자꾸만 떨어진다. 그만큼 우리가 같은 돈으로 살 수 있는 상품과 서비스는 점점 더 줄어든다. 이러한 인플레이션 현상은 악순환을 가중시킨다. 실제로 손에 쥐고 있는 돈은 없는데 물가는 올라서 더 많은 돈을 벌어야만 하니 자연히 빚은 쌓여만 간다. 그럴수록 또 통화량은 증가하고 물가는 오른다. 이 끊을 수 없는 악순환의 끝에는 디플레이션*이 기다리고 있다.

게다가 더 큰 문제는 실제로 존재한 적 없는 어마어마한 돈들이 끊임없이 누군가의 수중으로 흘러 들어가고 있다는 점이다. 누군가가 없던 돈을 챙겨 막대한 수익을 거둘수록, 또 다른 누군가는 파산을 거듭한다. 누군가가 파산한 덕분에 다른 누군가는 실체 없는

---

* 통화량의 축소로 물가가 하락하고 경제활동이 침체되는 현상

돈을 챙긴다. 아래 계층의 희생이 상위 계층의 불로소득으로 이어진다.

지금의 사회는 의자 앉기 게임과 다를 바가 없다. 노래하고 춤추는 동안에는 낙오자가 없지만 음악이 멈추면 곧바로 탈락자가 생긴다. 의자의 수가 언제나 사람의 수보다 적기 때문이다. 누군가는 반드시 이자를 갚을 수 없게 되고 누군가는 결국 파산할 수밖에 없게 된다. 그리고 그 피해자는 경제 사정에 어두운 사람이 될 수밖에 없다.

경제에도 사계절이 있다. 여름이 지나면 가을, 그리고 겨울이 오는 법.

우리가 누린 호시절은 빚으로 만든 것이었다. 그리고 지금은 혹독한 겨울의 시대다. 경기가 얼어붙고, 부동산의 빈익빈 부익부가 심화되고, 젊은이들을 위한 일자리는 사라져만 간다. 거기다 부채 사슬이 사람들을 친친 옭아매고 있다. 이러한 위기에 희생자가 되는 사람은, 언제나 힘없는 우리들 중의 누군가다.

그렇기 때문에 우리는 큰 그림을 볼 수 있어야 한다. 돈의 전체 흐름을 읽어야 한다. 그렇지 않으면 결코 제자리에서 벗어날 수 없다.

돈이 없는 것은 단지 운이 없어서만은 아니다. 물론 잘못된 통화 정책과 탐욕스런 금융자본에게 첫 번째 책임을 묻는 것은 당연하다.

하지만 아쉽게도 이것은 개인의 힘으로는 해결할 수 없다.

우리가 할 수 있는 건, 나무가 아닌 숲을 보는 안목을 키워나가는 것뿐이다. 미국의 상황, 세계의 정세, 그 영향력이 우리나라 정책에 어떤 영향을 미치고 어떤 변화를 이끌어낼 것인지 읽을 수 있어야 한다. 브렉시트를 단순히 먼 나라의 일로 생각할 게 아니라, 그것이 의미하는 바가 무엇이며 그것이 어떤 현상을 불러올 것인지 짐작할 수 있어야 한다. 영국의 유럽연합 탈퇴가 파운드 가치 하락을 부르고, 그것이 상대적으로 엔화 강세를 불러오고, 그럼으로써 아베노믹스*가 위기에 처했고 우리나라 수출산업에는 왜 유리하게 작용하는지 등을 이해하도록 노력해야 한다. 이렇게 한 사건에서 발생한 연쇄적인 흐름을 읽는 훈련을 해야만 거대한 자본의 힘에 휩쓸려 쓰러지는 걸 막을 수 있다.

지금 상황에서 가장 확실한 것은, 돈이 움직이는 원리를 모르면 희생자가 될 수밖에 없다는 사실이다. 자본주의 사회 속에서 살아가고 있는 청춘이 관심을 기울여야 할 것은 연예인 스캔들이나 예능 프로그램이 아니다. 이제는 조금 더 큰 판을 읽는 것에 관심을 기울여야 한다. 찾고자 하면 방법은 늘 존재한다. 신문이나 책, 경제지

---

* 20년 가까이 이어져 온 디플레이션과 엔고 탈출을 위해 모든 정책 수단을 동원하겠다는 아베 정권의 정책

를 보는 게 어렵다면 일단은 다가서기 쉬운 방송 프로그램의 도움을 받아 나만의 경제 공부를 시작할 수 있다.

시작이 반이다. 주저하지 말고 지금 시작하라. 그리고 인생의 습관으로 만들어라. 겨울은 혹독하기도 하지만 별을 바라보는 계절이기도 하다. 추운 겨울을 잘 넘기고 나면 또다시 따뜻한 봄이 올 것이라는 사실을 잊지 말자.

스스로 시작하는 경제 공부 플랜			
기본편	1주차	우리는 왜 자본주의를 공부해야 하는가	
		참고도서 : 「자본주의」, 「자본주의 사용설명서」	참고영상: EBS 〈자본주의〉 5부작
	2주차	자산관리 7단계, 나의 위치는 어디쯤?	
		참고도서: 「열두 살에 부자가 된 키라」	참고영상: 〈더 울프 오프 월스트리트〉 (영화)
	3주차	자본주의 속 4대 금융회사 바로 보기	
		참고도서: 「생각하는 인문학」, 「부자들의 음모」	참고영상: 〈인사이드 잡〉 (영화)
	4주차	적을 알고 나를 아는 5대 자산 이해하기	
		참고도서: 「돈」 (보도 섀퍼)	참고영상: 〈식코〉 (영화)
심화편	5주차	황금거위 소득자산에 대하여	
		참고도서: 「빌딩부자들」, 「부의 추월차선」	참고영상: 〈인타임〉 (영화)
	6주차	자산관리 금융, 경제교육에 생각이 필요한 이유	
		참고도서: 「한비자」 (경제 관련 부분)	참고영상: 〈군도〉 (영화)
	7주차	유대인들이 생각하는 선진 금융교육	
		참고도서: 「유대인이 대물림하는 부자의 공리」	참고영상: 〈인터내셔널〉 (영화)
	8주차	복지자본주의로 가는 길&가계부 쓰는 법	
		참고도서: 「시골 빵집에서 자본론을 굽다」	참고영상: 〈타짜1,2〉 (영화) KBS 〈돈의 힘〉 (다큐)

※ 차이에듀케이션에서 진행하는 '생각하는 경제' 커리큘럼 참고

금융사
사용설명서

'나의 금융이해력 지수는 어느 정도일까?'

살면서 이런 궁금증을 한 번이라도 품어본 적이 있다면, 일단은 합격이다. 금융에 대한 호기심이 있다는 뜻이기 때문이다. 하지만 대부분의 사람들은 은행이나 보험사, 증권사 등 금융사가 알려주는 상품을 수없이 접하고 돈을 투자하고 있으면서도 정작 자신의 금융이해력에 대해서는 무심한 경우가 많다.

금융이해력이란, 금융지식과 금융행동과 금융태도 이 3가지 요소를 통틀어 일컫는 말이다. 즉 금융의 원리를 이해하고, 자신의 금융상태에 영향을 미치는 행동을 적절히 선택하며, 그 선택의 기준이 되는 적절한 가치관을 지닌 사람을 얘기할 때 우리는 금융이해력이 높다고 말한다.

이제 금융은 우리와 떼어놓을래야 떼어놓을 수 없는 관계가 됐다. 이것의 영향력은 10년 전보다는 지금, 지금보다는 10년 뒤에 더욱 더 커질 것이고, 그런 세상에서 살아남기 위해서는 금융이해력을 키우는 게 무엇보다도 중요하다.

만약 무엇부터 시작해야 할지 막막하다면 일단 금융사와 금융상품에 대한 정보를 갖추는 것부터 시작해보자. 그동안 귀찮아서, 아는 게 없어서, 순진해서 금융기관에 끌려 다녔다면 이제는 합리적이고 효율적으로 삶을 누리기 위해서 직접 금융사의 원리를 알아보고 제대로 이용해볼 차례다.

은행은 믿어도 될까?

광고를 보면 은행은 내 소중한 돈을 언제까지나 지켜줄 것만 같다. 과연 은행은 고객들의 돈을 지키고 불려주기 위해 특정 상품을 권유하고, 그 상품을 선택하도록 설득하는 것일까? 결코 그렇지 않다. 금융기관은 이윤을 추구하며 수익을 내는 기업일 뿐이다.

물론 과거에는 은행들이 일부 공적인 역할을 하기도 했다. 서민들을 위해서 저리로 주택자금을 빌려준다던지, 경제를 살리기 위해 기업들에게 산업자본을 빌려준다던지 하는 식으로 말이다. 하지만 1990년대로 접어들면서 공적인 기능보다는 주식회사로서의 기능이, 즉 자신의 이익을 먼저 추구하는 성격이 강해지기 시작했다.

따라서 이제는 은행에 대한 생각을 바꿔야 할 때다. 은행은 절대로 고객의 돈을 불려주는 자선사업가가 아니다.

은행의 가장 기본적인 수입은 예금대출마진이다. 즉 예금이자와 대출이자의 차이에서 발생한 수익으로 먹고 사는 것이다. 이해를 돕기 위해서 아주 단순한 이야기를 예로 들어보자.

어느 날, 철수가 은행에 찾아와 1,000만 원을 저축했다. 은행은 기준금리를 토대로 1년 뒤 4%의 예금이자를 철수에게 주기로 한다. 잠시 후 영희가 다급한 표정으로 은행에 들어선다. 1,000만 원이 필요하다는 말에 은행은 돈을 빌려주는 대가로 7%의 이자를 내걸고, 철수의 예금을 영희에게 빌려준다. 1년 뒤, 은행은 영희에게 받은 대출이자 70만 원 중 40만 원을 철수에게 예금이자로 내주고, 나머지 30만 원은 자기가 갖는다.

은행은 더 많은 예금을 더 오랫동안 유치할수록, 사람들에게 더 많은 대출을 주고 상환을 더 많이 받을수록 유리한 수익구조를 갖게 된다. 대출이자를 높이려고 하면서도 예금이자는 낮추려고 하는 것도 같은 이유에서다.

특정 상품을 추천하는 이유도 딱 하나다. 본사에서 이 상품을 판매하라는 지시가 내려왔기 때문이다. 프로모션 상품을 판매했을 때 직원들은 더 많은 인센티브를 받고, 그것은 인사고과에도 영향을 미친다. 즉 특정한 상품을 자꾸 권하면 '나를 위해서 추천해주는구나'라고 생각하기 전에 '프로모션 상품이구나' 하고 생각할 수 있어야 한다. 추천하는 상품이라고 무조건 믿고 가입할 게 아니라 객관적인 시선으로 상품의 장단점을 따져보고, 진짜 내게 필요한 것인지 내가 원하는 조건의 상품인지 판단한 다음 자신을 위해서 선택해야 한다. 그것이 자신의 돈을 지키는 최소한의 방법이다.

무턱대고 은행을 상담자 내지는 전문 컨설턴트라고 생각하면 안된다. 자신을 '금융상품 소비자'라고 여기고 은행 역시 '금융상품 판매자'로 대해야 한다.

자동차 살 때를 생각해보자. 우리는 자동차 딜러가 차를 팔아서 수익을 얻는다는 걸 알고 있다. 나를 위해서 특별히 좋은 상품을 좋은 가격에 주는 사람이라고는 생각하지 않는다. 그래서 다른 물건을 살 때처럼 꼼꼼히 자동차 상태를 확인하고, 이상한 점은 물어보고, 필요한 것은 요구한다. 하지만 왜 은행에서는 그렇게 행동하지 않는가? 왜 궁금한 것이 있어도 물어보지 못하고 주눅이 들어 시키는 대로 사인만 하고 오는가?

이제는 소비자로서 당당해져야 한다. 그들도 자신들이 판매하는 금융상품의 모든 것을 알고 있지 못하다. 금융전문가들도 파악하기 어려운 상품들이 대부분인데, 지점에서 판매하는 직원들이 그런 상품의 모든 것을 속속들이 안다는 건 거의 불가능하다. 본사에서 내려온 공문(설명서)을 가지고 판매하는 것일 뿐이니, 절대 주눅 들거나 눈치 볼 필요 없다.

어떤 상품을 정확하게 파악한 후 계약했을 때, 우리는 그것을 완전판매라고 부른다. 그 상품의 장단점을 모르는 상태에서 계약한 경우에는 불완전판매라고 한다. 금융상품이라면 더욱더 완전판매를 지향해야 한다.

자동차를 살 때는 차의 장점과 단점을 꼼꼼히 따진다. 딜러조차 모르는 부분이 있었다면, 당당하게 제대로 된 정보를 알려달라고 요구한다. 그때 딜러는 어떻게 해서든 우리가 알고 싶어 하는 정보를 알아와 제공해준다.

은행도 마찬가지다. 예를 들어, 국민은행이라면 자사 자산운용사인 KB자산운용의 펀드 상품을 권유할 수 있다. 하지만 자사 가치주 펀드인 'KB 밸류 포커스 증권투자신탁A'를 추천하면서 타사의 대표적인 가치주 펀드인 '신영 마라톤 증권투자신탁A'와 비교했을 때 수수료나 수익률 등이 어떻게 다른지도 설명해주어야 한다. 더 좋은 상품을 사는 것은 소비자의 권리다. 만약 은행이 이러한 정보를 제공해주지 않는다면 당당히 알려달라고 다시 한 번 말할 수 있어야 한다.

은행을 너무 믿어서는 안 된다. 물론 평생 거래를 끊어야 한다는 뜻은 아니다. 모든 상품에는 장단점이 있게 마련이란 사실을 인식하고, 그 상품의 수익률과 함께 위험성에 대한 설명도 반드시 물어보는 습관을 가져야 한다는 뜻이다.

모르면 묻고, 이해가 안 된다면 될 때까지 질문하자. 그것이 '자신의 이익을 먼저 추구하는 은행'과 공정하게 거래하는 방법이다.

보험은 재테크 수단이 아니다

보험이란 언제 맞닥뜨릴지 모를 위험에 대비하기 위한 수단이다. 이것이 보험의 가장 근본적인 역할이다. 하지만 재테크 열풍이 불기 시작하면서 보험사는 돌연 딴 마음을 품기 시작했다. 원래 역할에 충실한 대신, 갑자기 투자의 탈을 쓴 상품들을 선보이기 시작한 것이다. 소비자들은 광고만 보고 '어, 저렇게 좋은 상품이 있었어?' 하며 흔들린다. 제대로 알아보지도 않고 가입한다. 하지만 자세히 살펴보면, 비용이나 기간 등 투자 상품으로써는 굉장히 치명적인 단점을 가지고 있는 경우가 대부분이다. 물론 보험사는 그런 부분에 대해서는 자세히 알려주지 않는다.

한동안 인기몰이를 했던 변액보험의 경우만 해도 그렇다. 변액보험이란, '보험계약자가 납입한 보험료 가운데 일부를 주식이나 채권

등에 투자해 그 운용 실적에 따라 계약자에게 투자 성과를 나눠주는 보험 상품'을 말한다.

만약 한 달 보험료가 20만 원이라면, 그 중에서 위험보험료를 떼고 사업비, 수수료 등의 부가보험료를 뗀 후, 나머지 88% 정도를 저축보험료로 따로 떼어내 펀드에 투자하는 재간접펀드 구조로 되어 있다. 게다가 수익이 나면 몇 십 년 뒤 연금 형태로 되돌려준다. 즉 한 달 보험료 20만 원 중 17만 7,500원 정도만 펀드에 투자되고, 그 수익금조차 10년 후에나 받을 수 있다는 뜻이다. 이 보험 상품의 연 수익률을 약 3%라고 가정한다면 10년 후 받게 될 수익금은 고작 23만 750원에 불과하다.

그런데 'K-컨슈머리포트'가 발표한 자료에 따르면, 우리나라 변액연금 상품 60개를 비교한 결과, 대부분의 상품의 실효수익률이 지난 10년간의 물가상승률인 3.19%에도 미치지 못했다고 한다. 이 조사 결과가 발표된 이후, 변액연금보험 가입률이 뚝 떨어졌음은 말할 것도 없다. 사람들은 '보장도 받고 투자수익도 얻을 수 있으니 일거양득이다'라고 생각했겠지만, 실제로는 물가상승률에도 미치지 못하는 속 빈 강정이었던 것이다.

한마디로 보험은 저축이 아니다. 투자와 보장, 두 마리 토끼를 다 쥐려고 하다가는 자칫 보장 항목도 제대로 챙기지 못하고, 마이너스

수익률도 감내해야 하는 상황을 맞게 될 것이다.

차라리 꼭 필요한 보장 항목을 따져본 후 그 중 보험료가 가장 낮은 보장성 보험을 선택하고, 나머지 돈은 제대로 된 투자 상품에 넣어서 굴리는 게 낫다. 만약 보험에 쓸 수 있는 돈이 10만 원이라면 그 돈을 몽땅 저축성 보험에 쓰는 대신, 3만 원은 보장성 보험에 넣고 나머지 7만 원은 다른 곳에 투자하는 게 훨씬 합리적이다.

보험을 고를 때 꼭 기억해야 할 대원칙은 '최소한의 비용으로 최대한의 보장을 받는 것'이다. 물론 이 조건을 완벽하게 만족시키는 상품은 없다. 아마 앞으로도 영원히 없을 것이다. 하지만 그런 대원칙을 기억하면서 상품을 살펴보는 게 중요하다.

또 하나 기억해야 할 것은 보험 약관을 꼼꼼히 읽어보고 확인하는 것이다. 보험증권을 받고 난 후 15일 내에, 혹은 계약한 지 30일 이내에는 조건 없이 보험을 철회할 수 있으므로 계약한 후라도 보험 약관을 잘 읽어보고 보험 설계사의 설명과 다른 내용이 들어 있다면 과감하게 계약을 해지하거나 상품을 조정해야 한다.

또한 중복보상이 되는 '정액보장 상품'인지, 아니면 비례보상이 되는 '실손보장 상품'인지를 따져보는 것도 중요하다.

예를 들어 1억 원을 지급해주는 암보험을 3개의 다른 보험사에서 정액보장 상품으로 각각 가입했다면, 암에 걸렸을 때 각각 1억 원씩 총 3억 원의 보험금이 나온다. 중복보상이 가능하기 때문이다.

하지만 실손보장 상품으로 가입했다면, 보험을 3개나 들었어도 한 보험 당 약 3,300만 원의 보상금밖에는 나오지 않는다. 즉 모두 합쳐서 딱 1억 원만 보상해주는 것이다. 실손보장 상품은 말 그대로 실제 일어난 손실에 비례해 보상해주는 상품이기 때문에 각각의 보험사가 손해액을 나눠서 지급한다. 따라서 중복보상이 되지 않는 실손보장 상품이라면 하나만 가입해도 충분하다.

부자의 생각,
부자의 언어

자본주의 시스템에 휘둘리지 않기 위해서는 가장 먼저 돈을 바라보는 우리의 태도부터 바꿔야 한다. 돈은 버는 것이 아니라 만들어내는 것이다. 말하자면, 스스로 돈을 찍어낼 줄 알아야 진정한 돈의 주인이라고 자신할 수 있다. 회사에 출근해 하루에 8시간씩 돈을 버는 대신, 일주일 내내 24시간 동안 돈을 만들어내는 시스템을 마련할 수 있어야 한다.

부자들이 알려주지 않는 것

『부자 아빠 가난한 아빠』로 세계적인 베스트셀러 작가가 된 로버트 기요사키는, 그의 또 다른 책 『부자들의 음모』에서 이렇게 말했다.

"돈의 게임에서 이기고 싶다면 평균이 되어서는 안 된다. 하지만 대부분의 사람들이 경제적으로 평범할 수밖에 없는 이유는 그들이 다음과 같은 평범한 조언을 따르기 때문이다. '좋은 학교에 들어가라. 좋은 직장을 잡아라. 열심히 일하라. 돈을 아껴 써라. 집이 최고다. 집은 가장 큰 자산이자 투자 대상이다. 버는 돈보다 적게 써라. 빚은 빨리 갚아라. 주식, 채권, 뮤추얼펀드에 골고루 분산하여 장기투자하라. 퇴직하면 정부연금으로 살 수 있다.' 이런 조언들을 지나치게 믿기 때문에 오늘날 대학생들은 졸업 후 직장을 갖지 못할까 너무나 두려워한다. 그리고 이것이 부자들이 원하는 바이다."

평범한 사람들은 부자들의 게임에서 아주 좋은 먹잇감이다. 더 큰 게임의 법칙을 이해하지 못했기 때문이다. 좋은 학교를 나와서 든든한 직장을 잡는다는 말은 가장 높은 세율로 세금을 내는 피고용자가 된다는 뜻이다. 그렇기 때문에 지금과 같은 자본주의 사회에서 아이들에게 열심히 일해서 돈을 많이 벌라고 조언하는 것은, 곧 아이들에게 열심히 돈 벌어서 세금을 많이 내라고 부추기는 것과 같다. 즉 다음의 E/S 존으로 들어가라고 등 떠밀고 있는 것과 다를 바가 없다.

E: 봉급생활자(employ)

S: 자영업자(small business) **및 전문직종사자**(specialist)

B: 500명 이상의 직원을 거느린 회사 소유자(big business)

I: 투자자(investor)

기요사키는 어렸을 때 E/S 존으로 들어가는 대신 B/I 존으로 들어가겠다고 결심하고, 결국 그것을 현실로 만들어냈다. 파일럿이라는 안정된 길 대신 부자들의 길을 따라가 보기로 한 것이다. 그가 인생의 방향을 바꾸고 난 후 가장 먼저 배웠던 것은 '파는 것'이었다. 그는 '파는 방법'을 배우기 위해 제록스에 입사해 판매사원으로 일했다. 그런 후에 '무엇을 팔 것인지' 결정하고 마침내 자신의 회사를 만들었다. 하지만 우리의 현실은 정반대다. 우리는 우리의 시간을 팔고 물건을 산다.

부자가 되기 위해서는 사는 것보다 파는 것이 많아야 한다. 대다수의 사람들이 가난에서 벗어나지 못하는 이유에 대해 그는, 파는 것을 싫어하고 사는 것을 좋아하기 때문이라고 말한다. 즉 다른 사람에게 팔 것이 없거나 파는 법을 모르기 때문이라는 것이다. 꼭 거창하게 훌륭한 제품이나 서비스를 만들어내야 한다는 뜻은 아니다. 시장에서 가장 잘 팔리는 제품은 품질이 가장 좋은 제품이 아니라 가장 잘 파는 사람의 제품이기 때문이다. 결국 그는 무엇을 살까 고민하기보다 무엇을 팔까 고민하는 삶을 사는 게 가장 중요하다고 강조한다.

"가난한 아빠가 '직업의 안정성'을 쫓는다면, 부자 아빠는 '경제적 자유'를 쫓는다. 만약 안정적인 삶을 최우선으로 여긴다면 감옥이 가장 좋은 선택지가 될 것이다. 이 세상에 감옥보다 안정적인 삶을 누릴 수 있는 곳이 어디 있겠는가? 안정을 추구할수록 자유는 줄어든다."(로버트 기요사키)

취직이 결코 마지막 목표가 되어서는 안 된다. 회사에서 살아남는 것을 인생의 목표로 삼아서는 곤란하다. 회사는 우리를 끝까지 책임져주지 않기 때문이다. 지금 당장은 아니더라도 결국엔 스스로 돈을 만들어내는 시스템을 세우겠다고 마음먹고, 회사를 그 징검다리로 활용할 줄 알아야 한다. 회사를 다니면서 이러한 준비를 세울 수 있다면 그것이야말로 최고의 성과다.

말하는 대로 살게 된다

E→S→B→I로 가는 여정에 하나 더 추가되어야 할 것은 바로

부자들의 언어습관을 배우는 것이다. 기요사키는 돈의 언어를 배우라고 말한다. 사람은 평소 말하는 대로 생각하기 마련이고, 생각이 결국 행동을 이끌어내기 때문이다.

가난한 사람의 말	1. 나는 절대 부자가 될 수 없어. 2. 나는 돈에 관심없어. 3. 정부가 사람들을 돌보지 않고 뭘 하는 거야.
중산층의 말	1. 보수도 좋고 안정적인 직장이 있으면 됐지. 2. 가장 좋은 투자 대상은 뭐니 뭐니 해도 집이야. 3. 뮤추얼펀드에 골고루 분산투자를 하고 있죠.
부자의 말	1. 이 일을 맡아줄 전문가를 어디서 찾지? 2. 현금이 꼬박꼬박 들어오는 아파트를 열 채 정도 사려고 하는데. 3. 나의 출구 전략은 IPO를 통해 주식시장에 회사를 공개하는 것이지.

"불가능해"라고 말하는 대신 "어떻게 할 수 있을까?"라고 말하는 사람은 부자가 될 확률이 높다. "좋은 직장을 잡아라", "돈을 아껴 써라", "버는 한도 안에서 살아라", "투자는 위험하다", "빚은 나쁘다", "집은 자산이다"와 같은 말을 입버릇처럼 달고 살면 스스로 그 말에 갇혀 모처럼 온 기회를 보지 못할 수도 있다.

우리는 언어를 통해 생각한다. 말로 설명하지 못한다는 것은, 결국 제대로 이해하지 못했다는 뜻이기두 하다. 돈의 언어를 아는 것, 그 말을 사용할 줄 안다는 것은 곧 돈이 무엇인지, 어떻게 작용하는지

이해하고 있다는 뜻이다. '전문가'들의 관습적인 조언을 맹목적으로 따르는 대신 스스로 제대로 된 결정을 내리기 위해서는 평소에 부자들의 언어를 사용하면서 생각의 물꼬를 트는 게 중요하다. "과연 할 수 있을까" 대신 "어떻게 해야 할까"라고 말할 줄 알아야 한다. 이 작은 차이가 다양한 정보와 기회를 끌어당기는 시발점이 될 것이다.

스스로
자산이 되는 길

경제적인 관점에서 봤을 때, 돈을 만들어내는 가장 단순한 방법은 사업가가 되는 것이다. 아이디어를 통해 회사를 만들고, 그것을 통해 돈을 찍어낼 때 우리는 진정으로 돈을 번다고 말할 수 있다.

경험에 인생을 걸다

아버지가 집 근처 탁구장에서 운동을 시작하셨을 때 내 눈은 호기심으로 빛났다. 나 역시 운동을 좋아하고, 소싯적에 탁구 좀 쳐봤다고 자신했기 때문이다. 아버지를 따라 나섰던 그날, 나는 처음으로 남녀노소가 모여 즐겁게 탁구에 몰입하고 있는 광경을 두 눈으로 직접 보았다. 어린 나이의 학생부터 나이가 지긋한 노인에 이르기까지 모두들 진정으로 탁구를 즐기고 있었다.

한 분에게 호기롭게 시합을 요청했다. 나이가 있는 분이라, 속으로는 '게임이 되겠나' 하는 생각을 했던 것도 사실이다. 그런데 이런! 게임이 되지 않는 사람은 바로 나였다. 몇 번 공격해보지도 못하고 초라하게 지고 만 것이다. 승부욕이 강했던 나로서는 꽤나 큰 충격이었다. 나는 그 자리에서 바로 레슨을 끊고, 정식으로 탁구를 배우기 시작했다.

나와 탁구와의 인연은 그렇게 시작되었다.

당시 나는 금융전문 변호사를 목표로 로스쿨 진학을 앞두고 있었다. 동시에 생활비를 벌기 위해서 과외수업도 병행하고 있었다. 4명씩 팀을 짜서 가르쳤는데 입소문이 나서 여러 팀을 동시에 맡을 때가 많았다. 방학이 되면 하루에 10시간~12시간 동안 수업을 진행해야 했다.

수업을 마치고 나면 더 이상 말할 기운조차 남아 있지 않았다. 하지만 신기하게도 탁구만큼은 포기하고 싶지 않았다. 너무 피곤했기 때문에 오히려 탁구 생각이 간절해졌다고나 할까. 피곤하다는 핑계로 그냥 잠자리에 들면 다음날 아침엔 일어나기조차 힘들었다. 하지만 잠깐 동안의 피곤함을 참고 땀을 흠뻑 흘리며 탁구를 즐기고 나면 다음날 몸도 가뿐하고 그렇게 개운할 수가 없었다. 바쁘고 힘들었던 시절이었기에 그 효과는 더욱더 크게 다가왔다.

땀을 흘리다보니 피부도 좋아졌다. 게다가 자연스럽게 살이 빠지기 시작했다. 책상 앞에 앉아 있는 시간이 많았던 터라 그 당시 내 몸은 꽤 무거운 상태였다. 하지만 딱히 다이어트를 해야겠다고 마음먹은 적은 없었다. 정신적으로 여유가 없었기 때문이다. 그런데 레슨을 받고 회원들과 시합을 하면서 시간 가는 줄 모르고 탁구를 즐기다 보니 3개월 뒤에는 몸무게가 무려 5kg이나 빠져 있었다.

살을 빼려고 헬스클럽에 다녀본 사람들은 알 것이다. 런닝머신도 근력운동도 하루 이틀 지나면 시들해지고 만다는 것을. 기본적으로 즐기는 운동이 아니기 때문이다. 살을 빼기 위해 힘들고 재미없는 시간을 견뎌야만 하는 시스템이기 때문이다.

하지만 탁구는 지겨울 새가 없었다. 한계를 시험하며 혼자서 인내하는 운동과는 달랐다. 처음에는 새로운 스포츠를 제대로 배운다는 재미가 있었고, 어느 정도 손에 익고 나면 다른 사람들과 게임을 하며 즐길 수 있었다. 그렇게 운동을 하다 보면 한두 시간은 금세 흘러갔다. 체중감량은 덤일 뿐이었다. 그렇게 시간이 흐를수록 나는 탁구의 매력에 푹 빠져들었고, 어느새 탁구는 내 삶의 일부가 되었다.

말하자면 탁구는 건전한 중독이었다. 담배나 술, 게임 등과 달리 탁구에 중독되면 될수록 몸과 마음에 긍정적인 에너지가 생겼다. 실제로 그 효과를 경험하고 나자, 내 안에서는 이 건전한 중독을 더 많은 사람들에게 알리고 싶다는 열망이 부풀어 오르기 시작했다. 메가스터디의 인강을 접한 후 주주가 되기로 결심했던 것처럼, 탁구라는 건전한 중독을 직접 체험하고 났더니 내 손으로 '탁구의 장'을 열고 싶어졌다.

어떤 분야에나 그 분야를 대표하는 브랜드들이 있게 마련이다. 하지만 헬스케어 분야에는 아직 이렇다 할 대표 브랜드가 없었다. 수많은 헬스장과 유사 업장들이 넘쳐났지만 기업 가치를 지닌 곳은 없었다. 그렇다면 해볼 만했다. 머뭇거릴 이유가 없었다. 그때부터 나는 탁구피트니스클럽 개념의 프랜차이즈 브랜드를 구상하기 시작했다.

그리고 마침내 2012년 3월 '탁구다이어트 위드핑퐁'이라는 브랜드의 문을 열었다. 비로소 스펙이 아닌 나만의 성장 스토리를 쓰기 시작한 것이다.

움직이지 않는 아이디어는 아무것도 아니다

집에서는 난리가 났다. 로스쿨에 진학해서 금융전문 변호사가 되겠다던 아들이 갑자기 탁구 사업을 시작하겠다고 하니 당연한 일이었다. 교수님까지 합세해 사업은 안 된다고 나를 뜯어 말렸다.

하지만 나는 포기하지 않았다. 탁구야말로 가장 재미있게 할 수 있는 유산소 운동이라는 것을 이미 경험했기 때문이었다. 거기에 최적의 비율로 구성된 체계적인 근력 운동을 더하면, 분명 경쟁력이 있을 것 같았다. 탁구장과 헬스장의 절묘한 만남, 살을 빼기 위해 억지로 운동하는 것이 아닌 즐기다 보면 저절로 살이 빠지는 꿈의 피트니스클럽, 그것이 내가 떠올린 사업 아이템이었다.

그것에 내 인생을 걸고 싶었다. 그리고 궁금했다. 스스로 미래를 개척하면서 얼마나 더 많은 것을 배울 수 있을지, 내가 어디까지 변화할 수 있을지. 게다가 내게는 1억 원이라는 종잣돈도 있었다.

내가 모은 돈, 내가 쓰겠다는데 누가 말릴 수 있을까. 나는 주변의 걱정을 뒤로 한 채 나만의 아이디어를 향해 돌진했다. 그리고 그로부터 벌써 4년이라는 시간이 흘렀다.

나는 그때의 선택을 후회하고 있을까? 아니다. 오히려 그렇게 밀어붙였던 4년 전의 나를 꼭 안아주고 싶다. '위드핑퐁'은 현재 잠실과 김천에 각각 두 개의 지점을 냈다.

내년에는 일산에 '락핑퐁펍'이라는 스포츠펍 1호점을 열 계획이다. 이번에는 '수제맥주와 탁구의 만남'이다. 수제맥주가 맥주 전체 시장에서 차지하는 비율이 1%를 넘어섰다는 소식을 들었을 때 '맥주와 탁구가 만나면 어떨까, 정말 재미있지 않을까' 하는 아이디어가 떠올랐고, 그 아이디어가 식기 전에 나는 또다시 움직였다. 친구들과 땀 흘리며 신나게 운동한 후 시원한 맥주 한 잔을 딱! 술과 스포츠를 함께 즐길 수 있는 새로운 공간이자 어른들의 신개념 놀이터! 생각만 해도 두근두근하지 않은가.

2020년이 되기 전까지 '메디핏 비만클리닉 의원'을 시작할 계획도 세워놓고 있다. 만성질환자에게 약 대신 운동을 처방하는 "국내 최초 운동처방 중심의 비만클리닉", 이것이 바로 내가 생각하는 메디핏의 가치다. 그것을 위해 관계자들과 자체 혁신연구소를 발족해 준비 중에 있다. 메디핏을 통해 대중성과 전문성을 함께 녹여낸 새로운 '의료헬스케어 매스티지 서비스'를 선보이는 게 새롭게 품게 된 나의 또 다른 목표다.

이 모든 것은 '탁구'에서 시작되었다. 하지만 그것을 실제로 가능하게 만든 것은 바로 '나의 행동'이었다. 머릿속에만 있는 아이디어는 진정한 아이디어가 아니다. 행동으로 옮겼을 때 그것은 비로소 살아 움직이는 아이템이 된다.

내가 처음 탁구를 매개로 '웰빙을 선사하는 기업'을 일구겠다고 했을 때 주변 사람들은 하나같이 비웃었다. 하지만 내가 머릿속에 그렸던 것들이 지금 하나둘씩 실현되고 있다. 만약 그때 주변 사람들의 만류에 꿈을 접고 그대로 주저앉았다면 오늘의 나는 없었을 것이다. 안전한 길로만 가고자 했다면, 적성에 맞지도 않는 암기식 공부를 하면서 대상포진에 걸려 골골대던 20대 초반의 내 모습을 결코 떠날 수 없었을 것이다. 설사 변호사 자격증을 따더라도 기득권층의 암묵적인 카르텔이 작용하는 그 세계 속에서 무력감만 더해졌을 것이다.

하지만 그때 과감히 새로운 길로 움직였기 때문에 지금도 나는 비전을 품고서 내 미래를 직접 만들어나가고 있다.

같은 길을 가더라도 누군가를 따라서 걷는 것과 스스로 길을 찾으면서 걷는 것은 차원이 다르다. 돌멩이를 치우고 잡초를 뽑고, 웅덩이를 메우며 그 길을 걸어간 사람은 훗날 많은 이들에게 그 길을 만든 '창조자'로 기억될 것이다.

그러니 '더 나은 것'보다는 '처음'을 선택할 수 있는 용기가 필요하다. 만약 어떠한 분야에서 선도자가 될 수 없다면 스스로 새로운 영역을 개척하는 걸 두려워해서는 안 된다. 중요한 것은 '지식의 유무'가 아니라 직접 움직이는 '행동력'이다.

물론 타성에 젖은 시간을 벗어나기란 어렵다. 하지만 다른 방향으로 1cm만 발을 틀어도 눈에 보이지 않던 것들이 갑자기 보이기 시작한다. 동선이 바뀌면 감각을 사용하는 패턴이 바뀌고, 감각의 패턴이 바뀌면 생각의 회로가 바뀌고, 생각의 회로가 바뀌면 당연히 행동도 욕망도 관계도 모든 것이 바뀐다.

자신의 미래가 남의 손에 의해 결정되는 것만큼 슬픈 일이 또 있을까. "알은 스스로 깨면 생명이 되지만, 남이 깨면 요리감이 된다" 는 말이 있다. 세상이 바라는 대로 순순히 포기하는 대신, 세상이 만들어놓은 틀을 부수고 나와 자신의 목소리를 내는 사람에게는 새로운 세상이 펼쳐진다. 그러니 병아리가 스스로 껍질을 깨고 나올 때의 절박함과 의지로, 자신의 한계를 깨뜨리면서 세상과 맞닥뜨려야 한다. 세상이 험하고 냉혹할수록 그러한 용기는 더욱 빛나게 마련이다.

소나무의 푸름은 바람이 매서울 때 더욱더 눈에 띄는 법이다. 어려운 시절을 의지로 헤쳐 나가는 그 시기야말로 인생의 전성기를 위한 밑거름이 된다. 인생이 가장 화려하게 빛날 때는 성공을 거머쥐었을 때가 아니라 꿈과 비전을 향해 고군분투하던 바로 그때다.

그러니 자신을 믿고 기회가 왔을 때 움직이자. 직장에 안주하지 말고, 직장을 운영하는 사람이 되어라. 우리에게는 충분히 그럴 만한 능력이 있다.

Part 6

돈 공부를 넘어
인생 공부로

"우리가 하는 일은
바다에 붓는 한 방울의 물보다 하찮은 것이다.
하지만 그 한 방울이 없다면 바다는 그만큼 줄어들 것이다."

– 마더 테레사 (Mother Teresa, 수녀) –

지금,
무엇을 위해 살고 있는가

미래가 이끄는 삶, 꿈이 이르는 삶, 열망이 이끄는 삶을 살아야 한다. 열망을 뜻하는 영단어 'passion'은 아픔이라는 의미의 'passio'를 어원으로 한다고 한다. 그렇다. 열망에는 아픔이 따른다. 그 아픔이란 눈앞에 당장 보이는 달콤함을 미래의 꿈을 위해 포기해야 하는 데서 온다. 연봉으로 1달러를 받고 일하며 천문학적인 스톡옵션을 직원들에게 양보한 애플의 CEO 스티브 잡스는 이렇게 말했다. "돈을 위해 열정적으로 일한 것이 아니라, 열정적으로 일했더니 돈이 생겨 있더라." (애플의 대주주인 그는 물론 세계적인 부자다.) 그의 말이 맞다. 그런데 여전히 많은 사람들이 돈과 열망의 인과 관계를 착각하고 있다.

-『아프니까 청춘이다』 중에서

큰돈을 번 사람일수록 돈을 벌기 위해 노력한 적은 없었다고 말한다. 진정 원하는 것에 몰두하다 보니 돈이 저절로 생겼다고 말한다. 가슴이 시키는 일에 열정적으로 몰두했을 때, 돈은 선물처럼 주어지는 것이다. 돈은 그 자체로는 한낱 종이에 불과하다. 만약 돈만을 목적으로 한다면, 그것으로 어떤 것을 소비하는 것에만 머무른다면 아무리 많은 돈을 모아도 재생산이 되지 않는 '허무함'에 시달리게 될 것이다. 그러니 우리가 목표로 삼아야 할 것은 결국 '돈'이 아니라 '우리의 미래'다.

어떤 일을 했을 때 가슴이 뛰는가? 이루어내고 싶은 게 있는가? 어떤 삶을 살고 싶은가? 자신의 인생에 대해 큰 그림을 그려본 사람만이 목표를 이루기 위해 어떤 징검다리들이 필요한지 알 수 있다. 그 징검다리는, 때로는 돈이 될 수도 있고, 때로는 사람이 될 수도 있고, 때로는 경험이 될 수도 있다. 지금 내 삶에 가장 필요한 징검다리가 무엇인지 당신은 알고 있는가.

우리나라 사람들이 생각하는 중산층의 조건과 프랑스 사람들이 생각하는 중산층의 조건을 비교하는 기사를 보고 깜짝 놀란 적이 있다. 우리나라 사람들이 생각하는 중산층의 조건은, 죄다 돈으로 환산되는 것뿐이었다. 하지만 프랑스 사람들이 생각하는 중산층의 조건은, '인생을 좀 더 풍요롭게 만드는 것'에 초점이 맞추어져 있었다.

우리나라 중산층의 조건	프랑스 중산층의 조건
1. 부채 없는 30평대 아파트 소유 2. 월급 500만 원 이상 3. 2000cc급 이상의 자가용 소유 4. 예금 잔고 1억 원 이상 5. 1년에 한 차례 해외여행을 갈 수 있는 여유	1. 자유롭게 구사하는 외국어 하나 2. 관람에 그치는 것이 아니라 직접 즐길 수 있는 스포츠 하나 3. 다룰 줄 아는 악기 한 가지 4. 남들과 다른 맛을 낼 수 있는 요리 하나 5. 공분에 의연히 참여하는 자세 6. 꾸준한 봉사활동

사람들을 집에 초대했을 때 자신 있게 내놓을 수 있는 요리 하나, 직접 다룰 수 있는 악기와 스포츠 하나, 의사소통에 무리가 없는 외국어 하나 등 그 조건들은 다른 사람들과 함께 나눌 수 있는 혹은 스스로 즐길 수 있는 경험으로 채워져 있었다.

외국어를 꼭 영어나 중국어라고 못박아놓지도 않았다. 흥미가 있는 '외국어'라면 무엇이든 상관없었다. 어떤 것이든 자유자재로 구사할 수 있는 외국어가 하나라도 있다면 여행을 가거나 친구를 사귈 때 그것만으로도 인생은 더 다채로워질 게 분명하니까. 스포츠나 악기도 마찬가지다. 다른 사람 앞에서 자신 있게 내세울 수 있는 취미 이상의 것. 자신감이 되기도 하지만 세상을 피해 숨고 싶은 날 스스로를 위로할 수 있는 도구가 되는 것. 생각해보라. 음악을 연주하거나 땀을 흠뻑 흘리며 누군가의 도움 없이 스스로 기분을 바꿀 수 있다면 얼마나 든든할 것인가.

'어떻게 보이는가'보다 '어떻게 살고 싶은가'를 기준으로 삼으면 실제로 많은 것들이 달라진다. 다른 사람의 욕망을 대변하는 삶은 자신의 삶이 아니다. 다른 사람의 시선에 기대어 사는 삶은, 아주 작은 충격에도 쉽게 무너지게 마련이다.

나는 요즘 아이들의 꿈을 들을 때마다 가슴이 답답해진다. 너도나도 할 것 없이, 연예인 아니면 공무원을 꼽기 때문이다. 모두들 연예인이 되고 싶은 사회도 문제지만, 모두들 공무원이 되고 싶은 사회라니! 얼마나 암담한가. 연예인이 되겠다는 아이들은 그래도 자기가 하고 싶은 분야에 대한 기대감이라도 있다. 연기라든지, 노래라든지, 춤이라든지. 하지만 공무원이 되겠다는 아이들은 어떤 일을 하고 싶다는 기대감조차 없다. 아이들의 '공무원' 속에는 정년이 보장되고 월급이 꼬박꼬박 나오는 직업으로만 입력되어 있기 때문이다.

그래, 좋다. 공무원도 좋고, 연예인도 좋다. 하지만 이 나라에 살고 있는 모든 아이들이 공무원이나 연예인밖에 되고 싶지 않다면 이 사회에 과연 미래가 있기는 할까.

꿈이란 '하고 싶은 것'이다. '그림을 그리고 싶다', '노래를 하고 싶다' 혹은 '세상에서 가장 단순하고 아름다운 휴대폰을 만들고 싶다'와 같은 열망 말이다. 단순히 공무원이 되고 싶다, 부자가 되고 싶다는 목표는 진정한 꿈이 아니다. 그것을 다른 말로 표현하자면,

'나의 꿈은 취업'이라는 말과 같다. 그것은 더 이상 '장래희망'이 아니라 '미래를 향한 강박'일 뿐이다.

힘겨운 현실은 취업 속에서만 꿈을 찾으라고 강요한다. 더 높은 곳을 바라보는 것은 허황된 것이라고 얘기한다. 자꾸만 두려움을 불어넣는다. 하지만 아이러니컬하게도 남들이 20~30m 높이에서 아등바등할 때 용기 있게 200~300m 위로 날아간 사람, 그곳에서 더 먼 곳을 굽어볼 줄 알았던 사람이 결국엔 성공을 거머쥔다.

스티브 잡스는 직원들에게 "해군이 아닌 해적이 되어라!"고 늘 강조했다. 정해진 규칙에 순응하는 해군보다는 다른 사람의 시선이나 고정관념, 규칙에 얽매이지 않고 자신의 목표를 향해 거침없이 돌진하며 스스로 길을 만들어내는 해적이 되어야 한다고 조언한 것이다.

이제 스스로 생각해보자. 당신은 어떤 삶을 살고 싶은가, 내가 진짜 중요하게 생각하는 삶의 조건은 무엇인가.

여행가이자 수필가인 손미나 작가는 한때 잘나가는 아나운서였다. 하지만 '여행'이라는 전혀 새로운 길을 만난 후 인생의 방향을 바꾸는 것을 주저하지 않았다. 떠나보니 좋았고, 좋아서 선택한 길. 그녀는 전보다 훨씬 더 행복해 보인다. 사람들에게 긍정적인 영향을 끼치며 자신이 좋아하는 일을 하면서 살 수 있다는 것은, 확실히 돈보다 더 큰 선물이다. 알래 드 보통이 예술, 교육, 문화계 지인들과 2008년에 런던에 세운 '인생학교', 그 아홉 번째 분교가 우리나라에 세워졌고, 그녀가 그곳의 교장 직을 맡게 된 것은 결코 우연이 아니다.

'더 부스the booth'의 김희윤 대표는 수제맥주에 빠져 한의사의 길을 접었다. 1년 정도는 겸업을 했지만 결국 마지막에 선택한 것은 '맥주'였다. 수익이 더 컸기 때문은 아니었다. 맥주를 만드는 즐거움, 자신의 맥주를 좋아하는 사람들을 보는 즐거움이 컸기 때문이었다. 한약재를 넣은 수제맥주라는 새로운 시도 앞에서, 그는 여전히 어린아이처럼 설레며 즐길 줄 안다.

'아띠 인력거'는 서울 북촌과 서촌, 인사동과 광화문 일대에서 활동하는 인력거업체다. 이곳의 창업자이자 현직 인력거꾼인 이인재 대표는 미국 웨슬리안 대학교를 졸업한 후 맥쿼리 증권에서 근무하던 속칭 엄친아였다. 하지만 그는 모두가 선망하는 전문직을 박차고 나와 제 발로 육체노동의 세계로 뛰어들었다. 일상의 스트레스, 매일 출퇴근을 반복하는 삶, 그 속에서 시야가 좁아지는 기분을 견디기 힘들었다고 했다. 무엇보다 일에서 보람을 찾을 수가 없다는 게 가장 큰 이유였다. 그는 한 번 사는 인생, 내가 꿈꾸는 대로 살아보자고 꽉 막힌 사무실을 스스로 박차고 나왔다. 그리고 그가 자유로운 곳에서 다양한 인연을 만들기 위해 선택한 것은 바로 아띠 인력거 골목길

여행이었다.

세상의 시선에 갇혀 있었다면 절대 할 수 없는 선택들이다. 그들이 새로운 길을 과감히 선택할 수 있었던 것은, 다른 사람들의 시선보다 자신의 행복을 더 중요하게 여겼기 때문이다. 2007년 노벨 경제학상 수상자인 에릭 메스킨은, "스스로 결정을 내리는 기회, 그 자체가 행복"이라고 말하기도 했다.

세상은 빠르게 변한다. 그 속에 정해진 답이란 있을 수 없다. 어제까지는 정답이었지만, 그것이 오늘 또 통할 거라고 누가 확신할 수 있을까. 우리가 확신할 수 있는 것은 우리의 마음뿐이다.

지금 당신의 마음은 어디로 향하고 있는가. 당신의 마음속에 숨어 있는 재판관은 당신에게 뭐라고 속삭이는가. 세상의 정답만을 외우느라 자신의 마음이 어디로 향하는지조차 알 수 없게 됐다면 지금부터라도 조금씩 자신과의 대화를 시작해야 한다. 나만의 창의적인 답을 세상에 내놓아야 한다.

제한된 프레임을 박차고 나와야 수천 개의 새로운 길을 만날 수 있다. 용기 있는 자만이 환경과 조건에 무너지지 않고 삶을 개척해나갈 수 있다. 인생의 어려움과 괴로움에 부딪혔을 때 스스로 답을 구하는 과정이 없다면 내공은 쌓이지 않는다. 해답을 보고 푼 수학문제는, 그 당시에는 이해된 듯해도 얼마 후에 다시 마주하면 처음처럼 막막하기만 하다. 하지만 스스로 풀이과정을 찾아낸 문제라면 언제 어느 때라도 자신 있게 덤빌 수 있다. 세상에 자신만의 이야기를 내보일 수 있게 되는 것이다.

들뢰즈는, "단독적인 것이 보편적인 것"이라고 했다. 즉 누군가의 문장을 따라한 멋들어진 글보다는 자신의 경험을 바탕으로 한 개인적인 글이 사람들의 공감을 더 쉽게 얻는다는 뜻이다. 성공법칙도 마찬가지다. 누군가가 일구어낸 성공을 따라하기보다 자신만의 길을 개척해나가는 것이 오히려 보편적인 성공에 더 빨리 도달하는 방법이다.

정해진 트랙만 달리는 경주마 대신 스스로 길을 만드는 야생마 같은 청춘이 되었으면 한다. 하고 싶은 일에 도전하며 가슴 뛰는 삶을 사는 청춘들이 지금보다 더 많아졌으면 좋겠다. 자신만의 철학으로, 자기만의 이야기로, 특별한 감동을 전하는 아름다운 젊음이 되기를 응원한다.

용기란, 두려워하지 않는 게 아니라 두렵지만 그래도 하는 거다. 두려움을 이기고 매번 '출발의 설렘을 느낄 수 있는 삶', '대책 없는 생의 충동에 가슴 설레는 삶'을 살고자 노력한다면, 인생 역시 뜻밖의 선물들을 우리에게 선사할 것이다.

돈은 소비하는 것,
시간은 향유하는 것

죽을 때 후회하지 않기 위해서는 어떻게 살아야 할까? 다른 사람의 마음보다 내 마음을 더 자주 들여다보고, 만나야 할 사람들보다 만나고 싶은 사람들을 더 많이 만나고, 바보처럼 보이더라도 한 번쯤은 용기를 내 하고 싶은 대로 해보고…… 그중에서도 꼭 기억했으면 하는 것은, 시간을 향유하는 사람이 되라는 것이다.

어떤 사람들은, 돈은 아까워하면서도 시간은 아까운 줄 모른다. 하지만 삶을 소중하게 여기는 사람일수록 반대로 행동한다. 돈은 제대로 소비해야 가치가 있고, 시간은 충분히 누려야 가치가 있기 때문이다.

고대 그리스인들이 생각하는 시간의 개념은 두 가지였다. 크로노스와 카이로스.

'크로노스'는 시계 판의 숫자가 가리키는 시간이다. '하루 24시간, 1년 365일'처럼 모든 사람들에게 똑같이 주어지는 객관적이고 기계적인 시간. 아침 9시에 출근해서 12시에 점심을 먹고 6시에 회사 문을 나서는 생활. 크로노스에 맞춰 생활하면 시간에 쫓기며 살 수밖에 없다. 재미있는 것은, 생활의 중심에 시간을 놓고 강박적으로 살아가고 있는데도 정작 시간을 제대로 누려본 적은 없다는 것이다. 의미 없이 소비되는 시간만 넘쳐난다.

반면에 '카이로스'는 마음의 시간이다. 숫자로 표시되는 양적인 시간이 아니라 내 마음에 따른 질적인 시간. 좋아하는 사람과 함께 보낸 5분은, 짧지만 말할 수 없이 깊고 충만하다. 같은 시간이라도 실제 수능 시험장에서 경험하는 1분과 학교 모의고사 시간에 느꼈던 1분은 무게감이 다르다. 카이로스에 따르면 같은 시간이라도 사람마다, 상황마다 시간을 다르게 누릴 수 있다.

크로노스의 삶은 산업혁명과 함께 나타났다. 대량생산을 시작하면서 시간을 분 단위로 쪼개서 사용하는 생활방식이 나타난 것이다. 하지만 이렇게 시간에 쫓기는 삶이야말로 가장 바쁘면서도 가장 게으른 삶이다. 시간을 어떻게 쓸 것인지에 대한 고민 없이 그저 시계추처럼 삶을 소비하고 있기 때문이다.

시간은 누구도 기다려주지 않는다. 하지만 그 시간을 온전히 누리는 것만큼은 모든 이들에게 허락되었다. 냉정한 시간의 여신을 붙잡아두는 방법은 이것뿐이다. '시간을 어떻게 향유할 것인가'에 대해 고민하고 시간에 마음을 담는 것, 그것만이 누구에게나 똑같이 주어진 시간을 더 풍요롭게 누리는 비법이다.

라임이 있는 삶

라임이란 압운 혹은 각운이라 하는데, 시나 노래 가사에서 행의 끝에 비슷하거나 같은 음을 반복해서 사용함으로써 리듬감을 극대화 하는 수사법이다. 에미넴이 내뱉는 단어 하나하나는 터져 나오는 욕설일 뿐이지만, 거기에 압운이 달릴 때 바로 노래가 되는 것이다. 라임이란 무엇인가? 하나의 작은 제약이다. 스스로에게 부과하는 규칙이다. 흩어진 잡돌을 보배로 꿰어주는 실 같은 것이다. 실은 노래에만 라임이 필요한 것이 아니다. 우리 삶에도 라임이 필요하다. 자기가 만든 규칙을 지켜내려는 약간의 제약, 그 작은 생활의 규칙만 맞출 줄 알면 그대도 나도 인생의 시인이 될 수 있다. 라임의 힘으로 거친 욕설도 시로 승화할진대, 우리네 일상이 라임을 가질 때 지긋지긋한 현실을 차고 올라 연꽃의 아름다움을 피울 수 있는 동력을 얻지 않겠는가. 그대에게는 스스로 지켜내는 제약이 있는가? 그대의 삶에는 규칙과 리듬이 있는가? 그대 생활의 라임은 무엇인가?

-『아프니까 청춘이다』 중에서

미국을 대표하는 사상가이자 작가, 발명가, 정치가이기도 했던 벤자민 프랭클린은 놀랍게도 정규교육을 받은 기간이 다 합쳐 2년밖에 되지 않는다. 열일곱 명의 형제 가운데 열다섯 번째로 태어났던 그는 초등학교 2학년 과정을 마친 후 곧바로 집안의 생계를 도와야 했다. 하지만 아버지를 도와 양초와 비누를 만들었던 그 소년은 후에 마르크스가 칭송하는 경제학자가 되었고, 영국의 철학자 데이비드 흄은 그를 신세계 최초의 철학자이자 문필가로 꼽았다.

무엇이 그를 미국 건국의 아버지이자 위대한 사상가로 만들었을까? 바로 '5시간의 법칙'이다. 프랭클린은 생계를 꾸려나가는 와중에도 매일 낮 12시부터 1시까지 한 시간씩 꼬박꼬박 책을 읽었다고 한다. 다른 형제들이 점심을 먹은 후 잠깐 동안 눈을 붙일 때에도 그는 매일 책을 붙잡았던 것이다.

"적어도 하루 한 시간, 여유가 좀 생길 때는 두 시간 가까이 책을 읽었다. 아예 책을 읽을 수 없는 날도 있었지만, 그래도 최대한 짬을 냈다. 이 습관은 내 평생의 습관이 됐고 성장의 밑거름이 됐다."

-『벤자민 프랭클린 자서전』 중에서

매일 하루 한 시간씩 일주일에 총 다섯 시간을 어떤 일에 투자한다면 변화는 일어나게 마련이다. 이것이야말로 속절없이 흘러가는 시간을 온전히 누리기 위한 작은 습관이다. 성공한 이들 중에도 이 5시간의 법칙을 벤치마킹한 사람이 많다. 대표적인 사람이 워렌 버핏이다. 그는 어려서부터 매일 2시간 가까이 뉴욕타임스, 월스트 리트저널 등의 신문을 정독했다. 어른이 된 후에도 아침에 사무실에 나가면 무조건 1시간씩 자리에 앉아 신문을 읽었다.

빌 게이츠도 마찬가지다. 그가 어렸을 때부터 꾸준히 잊지 않고 실천했던 습관은, 정오 무렵에 즐기는 10분의 낮잠과 매일의 독서 였다.

"매일 조금씩이라도 독서하는 습관이 오늘의 나를 만들었다. 내게 는 하버드 졸업장보다 소중한 것이 바로 이 독서습관이다."

그는 적어도 하루 1시간씩 책을 읽었고, 그 습관 덕분에 일주일에 적어도 1권, 1년에 평균 50권의 책을 읽을 수 있었다.

이 5시간의 법칙은 누구에게나 혹은 무엇에나 유용하다. 페이스 북 창업자인 마크 저커버그는 매년 새로운 목표를 이 5시간의 법칙 에 맞춰 실천한다고 한다. 예를 들어, 2014년에는 하루 한 시간씩 중 국어를 배웠고, 2015년에는 하루 한 시간씩 책을 읽었고, 2016년에 는 매일 1.6km씩 달렸다.

업무 이외의 것을 배우기 위해 따로 시간을 낸다는 것은 누구에게 나 쉽지 않다. 하지만 삶 곳곳에서 새고 있는 시간들만 잘 모아도 하루 1시간은 확보할 수 있다. 이런 부스러기 시간들을 꾸준히 모아서 활용한다면 놀라운 변화가 일어날 것이다.

무엇부터 시작해야 할지 모르겠다면, 일단 책을 읽고, 글을 쓰고, 운동하는 데 이 시간의 법칙을 사용해도 좋다. 이 3가지야말로 나를 일깨우는 가장 단순하면서도 가장 효과적인 방법이기 때문이다. 책을 읽고 글을 쓰는 것은, 내 머리와 마음을 일깨운다. 나도 몰랐던 나를 알게 하고, 내 마음속 감정의 밑바닥을 들여다볼 수 있게 하고, 마음의 무늬를 드러나게 한다. 잠자고 있었던 수많은 감정의 조각들과 이야기들이 책을 읽고 글을 쓸수록 세상 밖으로 쏟아져 나온다.

독서와 글쓰기가 머리와 마음을 일깨운다면, 운동은 몸과 마음을 일깨운다. 예쁜 얼굴, 보기 좋은 몸매 등 몸에 대한 관심은 넘쳐나는 세상이지만, 정작 건강한 몸에 대해서는 무심하다. 하지만 운동으로 다져진 몸은 그저 예쁘기만 한 몸과는 다르게 긍정적인 에너지를 뿜어낸다. 몸이 건강할수록 더 자주 웃게 되고, 더 많은 것을 해내며, 세상에 대한 호기심을 잃지 않는다. 몸이 건강한 사람과 그렇지 못한 사람이 보는 세상은 같지만 절대 같지 않다. 생기가 있는 사람의 눈에 세상은 총천연색이지만, 그렇지 못한 사람의 눈에는 회색공간일 뿐이다. 내 몸과 소통하는 시간이 절대적으로 필요한 이유다.

크로노스에 의존해서 살아왔는지, 카이로스를 고민하며 살아왔는지에 따라 삶의 모습은 완전히 달라진다. 그러니 돈은 소비하되 시간을 소비하면서 살지는 말자. 삶의 마지막 순간에 미소 지을 수 있는 사람은, 결국 시간을 활용하면서 온전히 누렸던 사람이다.

책이 '있는'
인생에 대하여

책이란 것은 참으로 신기하다. 어떤 사람을 만나느냐에 따라서 그것은 인생의 길잡이가 되기도 하고, 위로가 되기도 하며, 침으로 범벅된 베개나 냄비 받침대가 되기도 한다. 작가가 어떤 의도로 썼든지 간에 일단 그의 손을 떠나면 이제는 '읽는 사람'이 책의 운명을 쥐게 된다. 그 속에서 무엇을 발견하게 될지는 아무도 알 수 없다. 같은 문장을 읽더라도 누군가는 웃을 것이고, 누군가는 눈물을 훔칠 것이다. 그래서 나는 책을 읽을 때마다 이번에는 무엇을 발견하게 될지 매번 가슴이 설렌다.

책은 어떤 존재든지 될 수 있다. 내게 책은 말없이 바라봐주는 속 깊은 친구다. 모두들 안 될 거라고 만류할 때 책만이 '그래도 할 수 있다'고 말해주었다. 무일푼에서 시작해 1억을 모으겠다고 다짐했을 때도, '탁구'로 웰빙기업을 이루겠다고 선언했을 때도 모두들 고개를 흔들었다. 가족과 친구 어느 누구도 나를 지지하거나 인정해주지 않았다. 오직 책만이 '넌 할 수 있다'고 응원해주었다. 책을 읽는 동안에는 엄습하는 두려움과 고통을 잊을 수 있었고, 책을 덮고 난 후에는 '그래, 다시 한 번 해보자'고 다짐할 수 있었다.

사람이 위로가 되지 않을 때 책은 온전히 쉴 수 있는 나만의 방이었다. 상처 입은 영혼이 숨어들어가 쉴 수 있는 다락방 같은 곳이었다. 얼굴도 모르는 작가가 자신의 경험을 말해주며 내 손을 잡아주었고, 소설 속 인물들이 내게 필요한 말들을 들려주었다.

인생의 방향을 바꾸어 늦은 나이에 현역으로 입대하게 됐을 때, 나를 지탱해준 것도 책이었다. 전역 때까지 100권의 책을 읽겠다는 목표는, 상황을 바꿀 수 없을 때라도 그 안에서 최선을 다하고 싶다는 내 자격지심 같은 것이었다. 하지만 책을 읽어나가는 동안 자격지심이나 내 상황 같은 것은 아무래도 상관없는 것이 되었다. 그 시간을 통해서 나는 내 마음의 목소리에 더욱 귀 기울이게 되었고, 내가 어떤 것을 원하는지 점점 뚜렷하게 그려볼 수 있게 되었다. 그리고 그 시간 덕분에 군 생활은 내게 걸림돌이 아닌 디딤돌이 되었다.

그렇기 때문에 나는, 누구를 만나든지 간에 '독서'를 권한다. 내 마음을 읽어주는 문장을 만났을 때의 반가움을 아직 알지 못하는가. 그럼 다시 책을 읽어라. '자기계발을 위해 책을 읽어야 한다'는 식상한 말은 하고 싶지 않다. 자기계발을 하고 지식을 쌓기 위해서라면 전문가의 강의를 듣는 것으로 충분할지 모른다. 내가 '책'을 권하는 이유는, 책을 만남으로써 실제로 마음의 결이 단단해지고 삶이 더욱 풍요로워졌기 때문이다. 생각해보라, 인생을 빛나게 하는 가장 쉬운 방법이 손닿을 곳에 있는데 왜 권하지 않겠는가. 직접 경험했던 위로와 기쁨의 순간들을 내 소중한 사람들과 왜 함께 나누고 싶지 않겠는가.

책을 읽을 줄 아는 사람과 그렇지 못한 사람의 인생 사이에는 도저히 뛰어넘을 수 없는 간극이 있다. 단순히 상식이나 지식수준의 차이를 말하는 게 아니다. 책을 읽는 순간에만 마주할 수 있는 생각과 다양한 감정이 있기 때문이다.

그러니 독서가 습관이 될 때까지는 강제성을 부여해도 좋다. 앞서 말했던 5시간의 법칙을 이용해도 좋다. 독서가 자연스러운 취미생활로 자리 잡을 때까지 책을 놓지 않는 것, 이것이 가장 중요하다. 그리고 가급적이면 다양한 분야의 책을 억지로라도 읽어보는 게 좋다. 책에 관한 취향이 뚜렷한 사람일수록 자신이 좋아하는 분야가 따로 있게 마련이다. 경제서만 읽거나 소설만 읽거나 역사서만 읽거나. 물론 안 읽는 것보다야 낫지만 이왕이면 다양한 분야의 책을 읽는 게 생각을 키우는 데 도움이 된다.

'돈 공부'를 위해서도 마찬가지다. 재테크를 잘하려면 재테크 책만 읽어야 할까. 아니다. '돈' 역시 사람이 만들어내는 물건이다. 그렇기 때문에 돈에는 어쩔 수 없이 다양한 사람들의 욕망이 얽혀 있다. 그 속내를 읽고 싶다면 정치와 경제와 사람들의 심리에 이르기까지 많은 것에 관심을 두고 내공을 키워나가야 한다.

책 앞에 서면 일단 마음의 힘을 조금 빼도록 하자. 책을 모셔두지 말고 자유롭게 사용하자. 소리 내어 읽기도 하고, 음미하며 읽기도 하고, 마음에 들어온 문장에는 밑줄을 치고, 의문이나 새로운 생각이 떠올랐다면 주저하지 말고 책에 메모해서 순간의 생각과 느낌을 붙잡아라. 책 앞에서 엄격해질 필요는 없다. 마음이 가는 대로 책을 사용하라. 마음껏 읽고 나면, 나중에는 어떤 책의 표지를 보기만 해도 특정한 문장이 떠오르게 될 것이다. 마음을 대변하는 문장들을 따로 정리해놓고 싶다면 그렇게 하라. 문장수집가로서의 습관이 쌓이면 어느덧 나만의 문장이 생겨나게 될 것이다.

무엇을 하든 책은 기대했던 것 이상을 우리에게 되돌려줄 것이다.

결국
사람이 답이다

"진정한 경제학은 최상의 윤리적 기준과 갈등하지 않는다."

-마하트마 간디, 『마을이 세계를 구한다』 중에서

더 많이 벌고 더 많이 쓸 수 있는 방법만 고민한다면, '도덕'과 '돈'은 영원히 함께할 수 없는 과제다. 하지만 세상에는 사회적으로 존경받는 기업가, 자본을 통해 공익을 실천하는 사람들도 존재한다. 간디가 말했던 것처럼, 진정한 경제학은 세상의 윤리와 대립하지 않는다. 오히려 같은 곳을 바라보고 있을지도 모른다.

하지만 자본주의 사회는 돈에 너무 많은 권력을 부여했기 때문에 이러한 진실은 곧잘 잊혀 진다. 사람이 있기 때문에 돈이 있다는 사실, 돈을 쓰는 방식이 곧 내 삶에 대한 태도를 대변한다는 사실을 기억하고 스스로의 태도를 점검하는 사람은 많지 않다.

기회가 될 때마다 돈을 인문학적인 관점에서 바라보고 자신의 마음을 재정비할 필요가 있는 것은 이 때문이다.

돈을 인문학적으로 바라본다는 것은 어떤 의미일까? 그것은 돈을 '돈 자체'로 바라보는 게 아니라 '사람'이 사용하는 교환가치로 바라본다는 뜻이다. 이런 태도를 갖게 되면 비로소 사람이 돈보다 중요해진다. 그동안 돈을 '사용하는 것'에 집착했다 하더라도 이런 관점을 지니게 되면 조금씩 '어떻게' 사용할 것인가를 고민하게된다. 수십억 원을 지닌 자산가가 다른 사람들을 깔보면서 쓰는 돈과 넉넉하진 않지만 나보다 더 어려운 이웃을 위해 선뜻 내놓은 돈은 누가 보더라도 그 가치가 다르다.

내 돈인데 어떻게 쓰든 무슨 상관이냐고 반문할지도 모른다. 하지만 조금만 깊게 생각해보면 '어떻게 사용할 것인가'를 고민하는 것이 결국 나를 위한 것이라는 점 또한 알게 될 것이다. 생각해보자. 인간의 욕망은 끝이 없다. 원하는 물건을 가지게 된 순간 갖고 싶은 물건은 또 나타나게 마련이다. 세상에는 물건이 넘쳐나고 인간의 욕심은 끝이 없으니까.

하루에 천만 원을 쓰는 것은 어려울까, 쉬울까. 한 달에 1억 원을 쓰는 것은 어려울까, 쉬울까. 머릿속으로 생각했을 때는 너무 많은 돈이지만 일단 쓰기 시작하면 그것만큼 쉬운 게 없다. 일단 그 욕망에 길들여지고 나면 더 이상 '너무 많은 돈'이란 존재하지 않는다. 아무리 돈이 많아도 만족의 순간은 언제나 짧고 그렇기 때문에 죽을 때까지 '돈'을 쫓으면서 살 수밖에 없다. 만족은 짧고 허무함은 긴 인생을 살게 되는 것이다.

"우리는 익숙해진 질문들, 어떻게 하면 물질적 부를 최대화할 수 있을까 혹은 가장 공정한 배분의 방식은 무엇일까 하는 그런 질문들 대신 이제 새로운 질문을 제기할 수 있어야만 한다."

-『가치이론에 대한 인류학적 접근』 한국어판 서문 중에서

돈을 소유의 개념으로만 보면 우리는 평생 만수르보다 가난할 수밖에 없다. 하지만 소유의 개념을 벗어나면 만수르보다 더 가치 있게 돈을 쓰는 방법을 찾게 될 것이다.

일단 가장 손쉽게 연습할 수 있는 방법은, 물건을 소유하는 것 대신 경험을 소유하는 것에 집중해보는 것이다. 차를 사고 난 후 더 높은 사양의 모델을 다음 목표로 점찍기보다는 직접 즐길 수 있는 운동을 배우거나 악기를 사서 연주해보는 것이다. 세미나와 강의에 참석할 수도 있고, 책을 사서 읽어볼 수도 있다. 혹은 기념하고 싶은 특

별한 날에 자신의 이름으로 후원단체에 기부를 할 수도 있다.

그 모든 경험들이 삶을 확장시켜주고, 삶에 만족감을 더해준다. 그리고 생각지 못한 또 다른 기회를 우리에게 선사해준다.

엄청난 재산을 상속받은 사람 중에 제대로 된 삶을 사는 이가 별로 없다는 것은 무엇을 뜻하는가. 상속은 엄청난 기운이 담긴 돈을 다음 세대로 떠넘기는 것과 같다. 내가 감당할 수 없는 돈의 기운은, 영혼과 정신을 흩뜨린다. 이 영향력을 깨뜨리기 위해서는 돈을 순환시켜야 한다. 사회 속으로 순환시켜서 뭉쳐 있는 기운을 유연하게 풀어줘야 한다. 주고받는 관계를 통해 내가 감당할 수 있을 만큼만 짊어져야 한다.

당연한 말이지만 돈을 가치 있게 사용할수록 삶은 행복해지고, 영혼은 자유로워진다.

철학과 인문학
그리고 돈

　　서점에는 워런 버핏, 조지 소로스, 피터 린치, 짐 로저스 등등 자본주의 세계의 최고 승자들의 투자 비법을 담은 책들이 넘쳐난다. 하지만 그들의 책을 죽어라고 읽고 그들의 비법을 열심히 따라 한 사람 중에 놀라운 이익을 실현한 사람은 거의 찾아볼 수 없다. 이유는 간단하다. 치열한 인문고전 독서로 두뇌의 수준을 한 차원 높인 뒤에 터득한 투자의 비결을 담은 그들의 글을, 인문고전을 전혀 읽지 않는 두뇌의 수준에서 이해하고 투자에 적용하기 때문이다. 비유하면 오토바이 운전면허도 없는 사람이 세계 최고의 오토바이 곡예사가 쓴 책을 읽고 그대로 따라 하는 것과 같다.

-『리딩으로 리드하라』 중에서

조지 소로스는 자신의 투자 성공 비결로 '철학하는 것'을 꼽았다. 돈은 홀로 움직이지 않는다. 돈은, 세상의 흐름과 사회의 이해관계와 사람들의 욕망을 타고 움직인다. 그렇기 때문에 인생과 세상의 본질을 연구하다보면 자연스럽게 돈이 흘러가는 방향을 알 수밖에 없다. 높은 경지에 도달한 투자가일수록 돈에 집중하지 않는다. 오히려 고개를 들어서 더 넓은 곳을 바라볼 줄 안다.

세상에 관심 없는 사람이 부자가 될 수 있을까? 사람들의 행동에 무심한 사람이 과연 기회를 포착할 수 있을까? 자신의 마음도 들여다볼 줄 모르는 사람이 진정한 돈의 주인으로 거듭날 수 있을까?

인간과 삶과 세상에 대해 끊임없이 탐구하는 '철학'과 '인문학'은 사실 돈과 떼려야 뗄 수 없는 관계다. '부'를 축적하기 위해 돈 공부를 시작했던 사람들이 어느 경지에 이르면 철학과 인문학에 관심을 갖게 되는 것도 다 그러한 이유에서다.

나 역시 일부러라도 인문학에 대한 관심을 놓지 않기 위해 노력하고 있다. 물론 관련 서적을 읽는다고 해서 본질적인 깨달음을 얻었다고는 할 수 없다. 하지만 한 가지 자신 있게 말할 수 있는 것은, 인문학의 언저리를 기웃거리는 동안 '새로운 나'를 발견하게 됐다는 점이다.

내게 있어서 인문학은 '나를 찾아 떠나는 여행'과 같다. 여행이란 무엇일까. 그것은 일상을 벗어나 낯설음을 찾아가는 과정이다.

인문학은 일상 자체를 여행으로 만드는 최고의 방법이다. 비싼 비행기 티켓을 끊고 시간을 내서 큰 맘 먹고 떠나는 여행 대신, 인문학을 통해서라면 언제라도 또 다른 나와 마주할 수 있다. 일상을 벗어나 전혀 새로운 곳, 새로운 상황에 놓이게 되면 자신도 모르는 또 다른 나를 발견하게 되고, 익숙한 일상에서의 내 모습을 다시금 찬찬히 살펴보게 되는 것처럼 인문학에 관심을 기울이면 똑같은 하루하루를 살아가는 와중에도 어제와는 또 다른 나로 살아갈 수 있게 된다.

장 폴 사르트르는 『존재와 무』에서 인간이 돌멩이나 파리와 다른 이유는, 한 걸음 떨어져서 자신을 바라볼 수 있고 그것을 통해 반성하고 성찰할 수 있기 때문이라고 말했다. 인간은 자신의 삶을 살피면서 새로운 삶을 결정할 수 있는 자유를 가지고 있는 것이다.

반면 니체는 "모든 사람은 자기 자신에 대해 가장 먼 존재"라고 얘기하기도 했다. 즉 자신의 삶을 돌아보면서 주체적으로 살 수 있는 권리를 가졌음에도 불구하고 단 한 번도 자신에 대해 탐구해보지 않고 생을 마감하는 사람들이 그만큼 많다는 뜻이다.

인문학을 공부하는 목적은, 새로운 삶을 위한 문장을 얻고 나를 뒤흔드는 단어를 발견하기 위해서다. 즉 새로운 길을 발견하기 위해서다. 바쁠수록 일상에 매몰되기 쉽고 기계적으로 살아가기 쉽다. 다른 길을 알아보려는 마음조차 잊어버리게 된다. 하지만 인문학을 통해 자신과 인생을 자꾸 들여다볼수록 세상이 던져주는 답이 아닌 자신만의 답을 고민하게 되고 그렇게 자신과 세상을 깨고 앞으로 나갈 수 있게 된다.

인문학적 감수성이 매혹적인 이유는 모두가 당연하다고 여길 때에도, "왜?"라고 반문해볼 수 있는 기회를 선사하기 때문이다. 너무 익숙해진 나머지 일말의 질문이나 의심 없이 살아가는 사람들 틈에서 홀로 그 길을 반추하면서 정말 제대로 된 길인지 알아보고 스스로 답을 찾아가는 방법을 알려주기 때문이다.

'우리들'의 힘

사실 우리사회의 가장 큰 문제는 극단적인 개인주의가 만연하다는 데 있다. 6·25전쟁을 치른 후 불과 60년 만에, 자원도 풍부하지 않고 땅덩어리도 크지 않은 대한민국이 세계가 놀랄 만한 한강의 기적을 일구어낸 것은, '사람들의 힘'이 있었기 때문이다. 좀 더 정확히 말하자면 '우리'라는 공동체의식이 있었기 때문이다. IMF가 터지자 스스로 장롱과 서랍을 뒤져 금붙이를 내놓고, 나라를 살리겠다고 누가 먼저랄 것도 없이 줄을 섰던 '우리들'이 있었기 때문이다. 부당

한 사건 앞에서, 국가적인 위기 앞에서 '우리들'은 힘을 모았다. 그런 힘이 있었기 때문에 예상치 못한 장애물을 만났을 때도 굴러 떨어지지 않고 살아갈 수 있었다.

그러나 어느 순간 이러한 공동체 의식은 우리 사회에서 자취를 감춰버렸다. 현실의 너보다 가상의 너를 더 편하게 생각하고, 함께 밥을 먹을 때도 대화를 나누기보다 스마트 폰을 들여다본다. 사람들과 만나는 것을 에너지 소모라고 생각하고 텔레비전을 벗 삼아 혼자 밥을 먹고 술을 마신다. 여기에 '우리들'은 없다. 지극히 개인적인 나만 있을 뿐이다.

'관태기'라는 신조어의 등장은 의미심장하다. 관계와 권태기의 합성어인 이 이상한 단어는, 사람들과의 관계를 불필요하고 지루한 것으로 여기는 요즘 사람들의 마음을 여과 없이 보여준다. 이런 현상이 가속화되면 필연적으로 '돈의 역기능'은 강해질 수밖에 없다. 돈이 사람을 대체할수록 돈의 힘은 점점 더 강해진다. 그럴수록 계층 간의 갈등은 깊어지고 너도나도 돈이 전부라는 착각에 빠지게 된다.

하지만 돈이 과연 사람을 대체할 수 있을까? 그 허상이 영원히 지속될 수 있을까?

돈은 필연적으로 끊임없이 사람들을 필요로 한다. 그 관계에서 우위를 점하는 단 한 가지 방법은 다시 '우리'를 회복하는 것뿐이다. 타인을 지배하거나 누르기 위해 '돈의 힘'을 사용한다면 그것은 결국 그것을 사용하는 사람마저도 지배하게 될 것이다.

그래서 나는 많은 청춘들이 사람과의 관계를 회복하기 위해 더 많은 노력을 기울였으면 좋겠다. 인문학 강의와 세미나를 찾아서 듣고, 그 속에서 만나는 사람들과 우리에 대한 이야기를 더 많이 나누었으면 좋겠다. 해야 할 것도 많고, 따야 할 것도 많고, 참아야 할 것도 많고, 무엇보다 나를 위해 보장된 게 없는 이 냉혹한 사회에서 살아남기 위해 내 것을 더 많이 챙겨야 하는 것도 안다. 하지만 그렇기 때문에 더 사회에 관심을 기울이고, 작은 노력이라도 기울였으면 하는 바람이다.

어린 왕자에게 황금빛 밀밭이 특별한 이유는 사막여우가 있었기 때문이었다. 정원에 핀 수많은 장미꽃보다 소혹성에 두고 온 장미꽃이 특별한 이유는, 우리라는 기적의 관계를 이루었기 때문이다. 우리가 되면, 누가 시키지 않아도 돌보고 아끼게 된다. 그런 관계를 만들기 위해, 그런 사회를 만들기 위해 힘을 낸다는 것은, 나를 아껴주고 돌보아줄 누군가를 곁에 둘 수 있다는 뜻이기도 하다.

돈을 넘어서는 관계를 희망하는 세상이 되기를 바란다.

너무 이상적인 이야기일지라도 최소한 이 책을 읽는 청춘들이라

면 돈을 넘어서는 관계를 만들어나갈 수 있기를, 그런 관계를 희망하
게 되기를 바란다.

"사람이 어둠 속에 살고 있으면서,

그 속에서 친구를 얻는다면,

어둠 또한 좋은 것이 아니겠는가."

-『학교 없는 사회』 중에서

세상을 바꾸는
다윗의 돌팔매질

이 세상에서 나는 다윗이다. 이 책을 읽고 있는 청춘들도 나와 마찬가지로 '수많은 다윗들'일 것이다. 우리는 골리앗으로 태어나지 않았다. 남보다 큰 몸집, 폭발적인 힘과 체력, 무시무시한 무기 따위는 처음부터 없었다. 하지만 '다윗과 골리앗'의 이야기는 결국 다윗이 승리를 거머쥐면서 끝이 난다. 나는 이 신화 같은 이야기의 힘을 믿는다.

말콤 글래드웰은 『다윗과 골리앗』이라는 자신의 책에서, 다윗이 골리앗을 쓰러뜨릴 수 있었던 힘은 자신이 약자라는 것을 인식했기 때문이라고 말한다. 약자라고 물러서는 대신, 그것을 장점으로 활용할 수 있는 전략을 세워 도저히 불가능해 보이는 승리를 거머쥐었다고 설명한다. 다윗은 세상의 편견을 역으로 이용했기 때문에 작은 돌멩이 하나로 거인 골리앗을 쓰러뜨릴 수 있었다.

단단한 바위를 뚫는 것은, 세찬 비바람이 아니다. 오히려 오랜 시간 동안 떨어져 내린 작은 물방울이다. 거대한 조직을 무너뜨리는 것은 잘 짜인 전략이 아니다. 아무도 관심을 두지 않는 곳에서 새는 작은 조각의 정보들이다. 영화 '유주얼 서스펙트'에서 사람들의 관심을 흩뜨리고 진실에 다가서지 못하게 막는 사람은, 등장인물 중 가장 약해 보이는 절름발이었다.

지금 당장 가진 게 없다고 해서 할 수 있는 게 아무것도 없다는 뜻은 아니다. 현실을 직시하고 당장 할 수 있는 일부터 시작한다면 결국엔 골리앗을 쓰러뜨리고 새로운 전설로 거듭날 수 있게 될 것이다.

존재하는 것들 가운데 어떤 것들은 우리에게 달려 있는 것들이고, 다른 것들은 우리에게 달려 있는 것들이 아니다.

우리에게 달려 있는 것들은… 우리 자신이 행하는 모든 일이다.

반면에 우리에게 달려 있지 않은 것들은… 우리 자신이 행하지 않는 모든 일이다.

-『엥케이리디온』중에서

극작가 조지 버나드 쇼는 이런 말을 남겼다.

"합리적인 사람은 세상에 자신을 맞춘다. 비합리적인 사람은 집요하게 세상을 자신에게 맞추려고 노력한다. 따라서 모든 진보는 비합리적인 사람에게 달려 있다."

세상은 거대한 골리앗이 아니라 상처받은 다윗에 의해 발전한다. 세상을 이끌어나가는 것은 '스펙을 갖춘 골리앗'이 아니라 '스토리를 가진 다윗'이다. 지금 우리에게 필요한 것은 '골리앗을 쓰러뜨릴 수 있는 돌을 고르는 일'이다. 기득권의 입맛에 맞춘 스펙이 아니라, 오만한 골리앗을 쓰러뜨릴 수 있는 지혜와 약자만의 기술을 갈고닦는 것이다. 인생을 저당 잡힌 채 하루하루 살아갈 게 아니라 세상을 향해 내 인생을 벼락같이 외칠 수 있어야 한다.

나 역시 이 책이 나오기까지 수많은 시행착오를 거쳤다. 수없이 돌을 고르고, 허공을 향해 돌팔매질을 날렸다.

2년 전, 내 경험을 나누고 싶다는 생각이 들었을 때부터 조금씩 글을 쓰기 시작했다. 그 당시 김천에 '위드핑퐁' 2호점을 낸 터라 잠실과 김천을 오가며 짬이 날 때마다 글을 쓰고 모았다. 몇 개월 후 '소비에 대한 시각'을 담은 원고를 완성했고, 그 원고를 스무 개의 출판사에 일제히 보냈다. 그러나 돌아온 것은 '아쉽지만'으로 시작되는 답변들뿐이었다.

자비를 들여 출판할 수도 있었지만, 단 한 곳의 출판사에서도

'좋다'는 말을 듣지 못한 원고를 책으로 낸들 무슨 의미가 있을까 싶었다. 출판사의 피드백을 참고해서 또다시 원고를 수정해나갔다. 그리고 몇 개월 후 또 다른 원고를 들고 몇 개의 출판사를 찾았다. 하지만 결과는 더 참담했다. 이번에는 돌아오는 피드백조차 거의 없었다.

그 즈음 포기할까 하는 마음이 들었다. 아직 글을 쓸 준비가 되지 않았구나 하는 생각도 들었다. 하지만 무슨 일이든 세 번은 해보자는 생각에서, 다시 한 번 글을 고치기 시작했다. 그렇게 나온 원고가 바로 이 책이다.

쓴 글을 몇 번이나 읽어보고 수정하는 과정에서 자신도 모르는 사이 읽을 만한 수준의 글을 쓸 수 있게 된 것이다. 이 책을 만들어낸 것은 쓰레기통에 들어간 수백 페이지에 가까운 원고였다. 그 시간을 감내했기 때문에 지금의 결과물이 탄생한 것이다. 무엇보다도, 결과보다 과정에 충실해서 보통 사람이 이룰 수 있는 '상식적인 완성'을 이루었다는 점에서 스스로 의미가 깊다.

> "새는 알을 깨고 나오려고 투쟁한다.
>
> 알은 세계이다.
>
> 태어나려는 자는 하나의 세계를 깨뜨려야 한다.
>
> 그리고 마침내 새는 신에게로 날아간다.
>
> -『데미안』 중에서

헤겔의 변증법을 알고 있는가. 문제가 생겼을 때 이를 극복하고 한 단계 더 나아가기 위한 생각법을 말한다. 간단하게는 '정-반-합'의 생각법이라고도 볼 수 있다. 즉 동시에 취할 수 없는 선택지가 생겼을 때, 어느 하나를 버리고 다른 하나를 취하는 방식이 아니라 두 가지를 함께 고려한 후 그것을 모두 아우르는 제3의 해결법을 찾아내는 방법을 뜻한다. 그리고 이러한 운동을 통합해서 '아우프헤벤'이라고 부르는데, 이 말 속에는 부정과 보존이라는 반대의 뜻이 동시에 담겨 있다.

앞으로 나아가기 위해서는 언제나 '정-반-합'의 과정이 필요하다.

우선 질적인 변화가 일어날 때까지 동일한 과정을 거듭해야 한다. 물은 100℃가 되어야 비로소 끓기 시작하는 법이다. 99℃까지 올랐을 때 불을 끈다면 결코 물을 끓일 수 없다.

그런 다음 자신의 상황을 직시하고 문제점을 찾아야 한다. 계란이 병아리가 되려면 계란의 상태를 벗어날 수 있어야 한다. 계란으로 남아 있기를 거부하고 부정해야 한다.

마지막으로 하나의 끝이 새로운 시작으로 이어질 수 있다는 것을 깨달아야 한다. 커다란 코끼리가 조그만 말뚝에 붙잡힌 채 갇혀 있는 모습을 본 적 있는가. 너무 오랫동안 그 자리에 묶여 있었기 때문에 자신의 힘으로 사슬을 끊어버릴 수 있다는 것도 인지하지 못하게 된 것이다. 어쩌면 그 상황을 유지하고 싶은 마음이 숨어 있는지도 모른다. 자유를 찾아가는 것을 두려워하고 있는 것인지도 모른다.

하지만 새로운 문을 열려면 지금의 문을 닫아야 한다. 익숙한 상황을 끝내고 새로운 상황으로 나아가는 것을 두려워해서는 안 된다. 소유물, 평판, 지위 같은 것에 집착할 필요는 없다. 가면을 집어던지고, 우리의 맨 얼굴을 직면한 채 그에 맞게 행동하면 된다.

우리가 지금까지 돈 공부를 하고 마음 공부를 하고 인생 공부를 한 것은, 돈을 대하는 자세가 결국 내 삶을 대하는 자세와 일맥상통하기 때문이다. 살면서 가장 중요한 것은 마음가짐과 행동이다. 좋은 일이든 나쁜 일이든 그 일을 겪었을 때 내가 어떻게 행동하느냐에 따라 결과는 천차만별로 달라진다.

내가 1억 원을 만드는 방법에 대해 자세하게 설명해놓았다고 해서 꼭 1억이 있어야만 변화가 일어난다고 주장하고 싶은 것은 아니다. 1억 원을 만들고 나면 누구라도 더 이상 돈에 끌려 다니지 않고 살 수 있게 된다는 뜻도 아니다. 그보다는 '할 수 있다'는 마음가짐과 실천을 불러일으키고 싶었다. 그렇기 때문에 1억 원이라는 구체적인 액수를 정해놓고, 그에 도달할 수 있는 방법을 가능한 한 자세하게 공유했던 것이다.

지금 내가 어느 정도의 자산을 모았다고 해서, 이 책을 썼다고 해서 성공한 인생을 살았다고 자부할 수 있을까? 이 책을 읽는 여러분이 아직 제자리에 있다고 해서, 이루어놓은 것이 없다고 해서 실패한 인생을 살았다고 할 수 있을까?

인생은 길다. 기나긴 인생의 초입부터 '성공'과 '실패'라는 꼬리표를 미리 달아놓을 필요는 없다. 결과는 아무도 모르고, 아직 걸어가야 할 길은 멀다. 우리는 그저 공부하고, 경계하고, 다잡으면서 살아갈 뿐이다.

> "인생은 잘 짜인 하나의 이야기라기보다는,
>
> 그 하나하나가 관능적인 기쁨으로 빛나는 현재의 작은 조각들이다."
>
> —『이방인』에 대한 비평문 중에서

처음부터 완벽한 이야기란 없다. 그저 순간순간에 최선을 다할 뿐이다. "탄생이 일어나려면 태어나지 않음과 태어남이 공존하는 경계를 넘어서야 하고, 사랑이 일어나려면 사랑하지 않음과 사랑함이 공존하는 경계를 넘어서야 하고, 죽음 역시 살아 있음과 살아 있지 않음이 공존하는 경계를 통과해야 하는 것"이라고 했다. 인생이란 결국 수많은 경계선을 넘나들며 균형을 잡고 살아가는 것이다.

'풍요로운 인생'이 꼭 '돈이 많은 인생'을 가리키는 것은 아니다. 인생을 채우는 것은 결국 돈이 아니라 '무엇을 위해, 어떻게 살 것인가'에 대한 답이다.

재테크도 마찬가지다. 투자와 투기는 한 끗 차이라고 했다. 이 흔들리는 외줄 위에서 굳건히 중심을 잡는 강인한 젊음이 되기를 응원한다. 냉혹한 자본주의 사회에서 마음이 따뜻한 합리적인 소비자로 거듭나기를, 그리하여 진정으로 인생과 돈의 주인이 될 수 있기를 바란다.

Money Lessons will change everything!

평생 돈으로부터 자유롭고 싶다면
20대에 돈 공부를 시작하라!

청춘의 돈 공부

초판 1쇄 발행 2016년 12월 19일
초판 6쇄 발행 2021년 4월 30일

지은이 김성진
펴낸이 민혜영
펴낸곳 (주)카시오페아 출판사
주소 서울시 마포구 월드컵로 14길 56, 2층
전화 02-303-5580 | **팩스** 02-2179-8768
홈페이지 www.cassiopeiabook.com | **전자우편** editor@cassiopeiabook.com
출판등록 2012년 12월 27일 제2014-000277호
편집 최유진, 위유나, 진다영 | **디자인** 고광표, 최예슬 | **마케팅** 허경아, 김철, 홍수연
외주편집 정지영
외주디자인 김태수

ISBN 979-11-85952-65-9
이 도서의 국립중앙도서관 출판시도서목록 CIP 은 서지정보유통지원시스템 홈페이지 http://seoji.nl.go.kr 와
국가자료공동목록시스템 http://www.nl.go.kr/kolisnet 에서 이용하실 수 있습니다.
CIP제어번호: CIP2016029941